4°O³k
50

LA

MER SAHARIENNE

PAR

E. PÉLAGAUD

DOCTEUR ÈS LETTRES

LYON

H. GEORG, LIBRAIRE-ÉDITEUR

65, RUE DE LA RÉPUBLIQUE

MÊME MAISON A GENÈVE ET A BALE

1881

3
K
0

LA
MER SAHARIENNE

DU MÊME AUTEUR

Un Conservateur au second siècle. — **CELSE** et les premières luttes entre la philosophie antique et le Christianisme naissant, 1 vol. in-8.

DE ANTIQUISSIMI ÆRIS IN GALLIAM INVECTIONE, 1 vol. in-8.

L'ARCHÉOLOGIE CHRÉTIENNE A ROME. — *Une visite aux Catacombes,* in-8.

NOTE sur un métrage en pieds romains découvert dans un aqueduc à **Bologne.** *(Comptes rendus de l'Académie des inscriptions et belles-lettres,* séance du 27 juin 1879.

LES GLACIERS DU LYONNAIS, in-8.

LA PRÉHISTOIRE EN SYRIE. *Association française pour l'avancement des sciences,* Congrès de Reims.

L'EUCALYPTUS, sa culture forestière et ses applications industrielles. In-8.

ISCHIA, *souvenirs de jeunesse,* 1 vol. in-18.

LE CHATEAU DE MALATRAY, *souvenirs de jeunesse,* in-8.

LYON. — IMP. PITRAT AINÉ, RUE GENTIL, 4.

LA
MER SAHARIENNE

PAR

E. PÉLAGAUD

DOCTEUR ÈS LETTRES

DÉPÔT LÉGAL
Rhône
N° 496
1881

LYON

H. GEORG, LIBRAIRE-ÉDITEUR

65, RUE DE LA RÉPUBLIQUE

MÊME MAISON A GENÈVE ET A BALE

1881

LA MER SAHARIENNE

INTRODUCTION

Les visiteurs de l'Exposition de 1878 se rappellent peut-être avoir aperçu dans le fond obscur d'une galerie, un grand plan-relief à vol d'oiseau de la partie méridionale de la Tunisie et de la province de Constantine. Ce plan, dressé par le capitaine d'état-major Roudaire, tendait à démontrer qu'avec un simple canal de 25 kilomètres, ouvert dans les sables qui environnent la ville de Gabès, on pouvait amener les eaux de la Méditerranée dans une vaste dépression naturelle du sol qui s'étend au sud de la Tunisie et de nos possessions algériennes. On reconstituerait ainsi un grand golfe, une véritable mer intérieure de 300 kilomètres de longueur est-ouest sur 60 à 80 de largeur, qui modifierait heureusement le climat desséché de cette partie du Sahara, en permettrait la culture, ouvrirait au commerce et à la marine européenne toute cette contrée à peu près inabordable aujourd'hui, et nous servirait enfin de frontière facile à garder contre les incursions des nomades du désert. Ce projet, jadis brillamment développé dans la *Revue des Deux Mondes*, a fort intéressé l'opinion publique et soulevé en même temps de vives polé-miques dans la presse. Quelques-uns se sont épouvantés à la pensée que la substitution d'une surface maritime à une no-table étendue du sol brûlant du Sahara supprimerait ces vents chauds du Midi qui sont la principale cause du tiède climat de la région méditerranéenne. Ils ont vu déjà l'Europe reve-nue à la période glaciaire et des frimas éternels recouvrant de leur blanc linceul nos vallées les plus riches et les plus fer-tiles. Ils se sont donc élevés avec force contre cette grande entreprise en s'écriant tantôt qu'elle serait impossible, tantôt que la mettre à exécution malgré toutes les séductions qu'une conception aussi vaste et aussi grandiose doit exercer sur l'opinion publique, ce serait ouvrir la porte à un redou-table inconnu et peut-être attirer sur l'Europe occidentale d'irréparables catastrophes.

Ces séductions sont grandes, en effet. Rendre la vie à d'immenses territoires déserts et inhabitables, porter d'un seul coup notre puissance jusqu'au cœur de l'Afrique occi-dentale, ouvrir une contrée entière au commerce et à la colonisation, il y a là une perspective suffisante pour capti-ver l'imagination la moins enthousiaste et l'on comprend que la presse se soit émue, que le gouvernement lui-même ait pris en sérieuse considération le projet du capitaine Roudaire et qu'il ait non seulement autorisé, mais aidé son auteur à développer et à terminer les études techniques, préliminaire obligé d'une pareille entreprise.

Deux explorations géodésiques ont été minutieusement conduites au sud de l'Atlas; une troisième a été envoyée en Tunisie pour vérifier par des sondages la nature des terrains dans lesquels devrait s'ouvrir le canal d'amenée de la Médi-terranée et pour contrôler les travaux des premiers explora-

teurs ; l'Académie des sciences, les sociétés savantes, la
presse, se sont émues et ont discuté la possibilité de l'entreprise et les principaux résultats à en attendre. La consécra-
tion d'une opposition scientifique et ardente n'a pas manqué
non plus aux projets de M. Roudaire. Un certain nombre
d'adversaires ont déclaré ses plans impossibles à exécuter ;
les uns ont objecté que, lors même que l'on admettrait les
bases sur lesquelles ils reposent, c'est-à-dire l'existence d'une
ancienne mer saharienne et la possibilité de la rétablir en re-
mettant son ancien lit en communication avec la Méditerranée par un canal artificiel, les causes qui ont provoqué jadis
son dessèchement n'ayant point cessé d'agir, la création nouvelle ne tarderait pas à disparaitre encore une fois et que le
seul résultat de tant d'efforts et d'argent dépensés ne serait
que quelques bancs de sel et quelques marécages de plus au
fond des chotts du désert. D'autres, et parmi ceux-ci des
hommes éminents, au premier rang desquels il faut citer
M. Pomel, sénateur d'Oran, ont nié les traditions relatives
à l'existence d'un ancien golfe dans ces parages et contesté
les observations géologiques de M. Roudaire qui les corrobo-
raient ; ils se sont, en outre, efforcés de démontrer par d'in-
génieux calculs qu'une pareille nappe d'eau, alors même
qu'il serait possible de la reconstituer, n'exercerait aucune
influence, ou tout au plus une exercerait influence nuisible
sur le climat des contrées immédiatement avoisinantes.

Ces attaques, inspirées quelquefois par des causes assez
étrangères au fond même du débat, n'avaient peut-être pas,
pour les personnes au courant des choses d'Algérie, toute la
gravité que l'incontestable autorité scientifique de leur principal auteur leur a fait attribuer en Europe. Elles n'y sont
pourtant pas restées sans réponse, et les projets de M. Roudaire, indépendamment de l'appui officiel en quelque sorte
de MM. Paul Bert, G. Perrin, de Lesseps et de l'Académie des

sciences, viennent de trouver, pour la partie géologique tout au moins, un nouveau champion en la personne de M. Desor, le grand archéologue de Neuchâtel. Dans une brochure récente, ce dernier a démontré que si M. Pomel traitait sans façon les textes des géographes grecs et latins, attestant l'existence historique de l'ancienne mer saharienne, il avait fait preuve d'une légèreté ou d'un parti pris non moins grands en niant que cette mer eût laissé aucunes traces géologiques. Sans se prononcer sur la question historique, qui reste en dehors de sa spécialité, M. Desor a démontré, par une série de documents et d'observations techniques recueillies au cours d'un voyage exécuté par lui il y a quelques années dans le Sahara en compagnie de M. Ch. Martins, de Montpellier, que des eaux marines avaient recouvert, durant la période quaternaire et jusqu'à une époque rapprochée de nous, la surface du grand désert ; qu'elles y avait laissé de leur présence des traces indéniables et faciles à reconnaître pour quiconque se donnait la peine d'aller les examiner.

Tel est, en quelques mots, l'état dans lequel se présente aujourd'hui cette question de la mer saharienne. Elle a, pour nous autres habitants de la vallée du Rhône, une importance d'autant plus grande que nos intérêts en Algérie sont plus considérables et que nous nous trouvons dans une zone plus directement soumise aux influences africaines. Si les projets de M. Roudaire réussissent heureusement, nous serons les premiers à en bénéficier par l'accroissement de richesses qu'ils apporteront à toute la région de la Méditerranée française. Si leur résultat était désastreux et venait justifier les terribles appréhensions dont j'ai parlé plus haut, c'est nous qui serions les premières victimes de ce retour de la période glaciaire et qui verrions les premiers le glacier du Rhône se remettre lentement en marche vers Lyon. Dans le reste de la France, au contraire, le climat dépendant beaucoup plus de

l'influence océanienne que de l'influence méditerranéenne
et la chaine des Cévennes séparant notre territoire en deux
régions bien distinctes, les conséquences de cette révolution
ne se feraient qu'indirectement sentir. Il n'est donc pas hors
de propos d'examiner ce qu'il faut craindre ou ce qu'on peut
attendre de la création d'une mer intérieure au sud de l'Atlas,
c'est-à-dire de rechercher ce que fut le Sahara à l'aurore des
temps historiques et durant les périodes géologiques qui ont
immédiatement précédé la nôtre. S'il est démontré que le
bassin actuel des chotts était encore inondé il y a quelques
siècles, alors que le climat de la Gaule ne différait pas sen-
siblement de notre climat actuel, on en devra conclure que
les projets de M. Roudaire n'ont rien qui puisse nous effrayer,
de ce côté-là du moins, et qu'il faut se borner à les étudier
au point de vue de leur réalisation technique et des inconvé-
nients ou des avantages qui peuvent en résulter pour nos intérêts en Afrique. Si, au contraire, on doit faire remonter son
remplissage à l'aurore de la période quaternaire, il y aura lieu
d'examiner mûrement quelle influence une si petite surface
maritime a pu exercer sur un grand phénomène comme celui
de la progression des anciens glaciers, avant de passer à l'étude
de la question au point de vue colonial, politique, agricole et
commercial. C'est cette partie nettement délimitée qu'il m'a
paru intéressant d'examiner en cherchant à reconstruire
l'histoire géologique du Sahara depuis la fin des temps tertiaires jusqu'à nos jours.

I

GÉOLOGIE ET PALÉONTOLOGIE

I. — On ne saurait parcourir avec quelque attention les
côtes de la Méditerranée occidentale sans remarquer, presque à chaque pas, des traces visibles d'un exhaussement

plus ou moins prononcé et récent du sol. Fort peu marqué dans le golfe du Lion, ce relèvement se manifeste dans les Alpes-Maritimes par les alluvions à argile rouge d'Antibes. Entre Nice et Menton, les abruptes falaises de la côte sont perforées jusqu'à une certaine hauteur par les trous des coquilles lithophages ; sur le littoral ligurien, des terrasses longitudinales d'alluvions marines attestent (1) un exhaussement postquaternaire d'au moins 14 ou 15 mètres. Dans les environs de Bastia, en Corse, les escarpements de schiste serpentineux paraissent sculptés jusqu'à une grande hauteur par l'action des vagues, et il semble difficile d'expliquer, autrement que par un soulèvement très récent du sol, les amas de cailloux roulés, de matériaux meubles et terreux qui s'étalent en longue trainée sur la côte, particulièrement aux abords de l'étang de Biguglia. En Sicile, dans toutes les vallées abruptes et profondes qui dominent le détroit de Messine, ces amas de cailloutis prennent une extension considérable. On les retrouve sur la côte d'Afrique à Guyotville, à Saint-Eugène, aux portes mêmes d'Alger, comme près de Cagliari, en Sardaigne où le soulèvement ne saurait être estimé à moins de 90 mètres d'altitude. Il en est de même des iles Baléares qui, émergées durant la période pliocène, se sont enfoncées sous les eaux de la mer quaternaire, puis relevées d'au moins 80 mètres, d'après les faits constatés par M. Hermitte dans son exploration géologique de ces îles (2). Entre Souze et Tunis, un peu au sud du caravansérail de Bir Loubit, M. Roudaire a signalé les ruines d'un poste romain, aujourd'hui retiré dans les terres à 15 mètres d'altitude et

(1) D'après une communication verbale de M. Issel, de Gênes.

(2) H. Hermitte, *Études géolog. sur les îles Baléares*, I⁽ʳᵉ⁾ partie, p. 295. — Les dépôts marins (quaternaires) qui s'élèvent aujourd'hui à une hauteur de 70 à 80 mètres démontrent qu'une oscillation relativement récente a affecté les îles Baléares.

On se rappelle que ces îles ont dû être émergées pendant toute la période pliocène, puisque cette formation y manque complètement, mais pendant la période quaternaire, une oscillation descendante plongea sous les eaux une partie du littoral.

dont la base est criblée jusqu'à 70 centimètres au-dessus du sol, de trous de coquilles perforantes, preuve palpable que ces ruines ont été fondées sur le rivage, à l'origine, au milieu même des flots, puis que le sol s'est ensuite relevé peu à peu (1). Il est vrai que M. Pomel, se raillant des connais-sances géologiques de M. Roudaire, a prétendu que ce qu'il avait pris pour des coquilles lithophages n'était que les fossiles normaux du conglomérat tertiaire dans lequel les Romains avaient taillé les moellons de leur construction (2). L'examen seul des ruines pourrait permettre de trancher cet étrange débat ; mais on s'explique difficilement comment. M. Roudaire et ses compagnons de mission auraient pu confondre des fossiles avec des mollusques perforants modernes et les cavernosités naturelles d'une roche avec des trous creusés par des coquilles lithophages ; dans tous les cas, on ne conçoit pas pourquoi ces traces, si elles n'étaient pas le produit des eaux marines, s'arrêteraient au niveau inférieur des ruines au lieu de se poursuivre sur toute la surface des assises. Or c'est ainsi que les a vues M. Roudaire et si les constatations de M. Pomel ne concordent pas avec les siennes, il est permis croire que c'est parce qu'elles ont porté sur des objets diffé-rents, plutôt que d'accuser gratuitement des observateurs instruits et sérieux d'une si grossière erreur. Mais ce que M. Pomel n'a pas pu contester et qui confirme davantage encore un soulèvement très récent de la côte, c'est la situa-tion des ruines de l'ancien port de Tacape (Gabès) actuelle-ment enfoncé d'un kilomètre dans l'intérieur des terres. Il ne saurait être question ici d'ensablement comme pour Ostie, Aigues-Mortes ou Ravenne, puisque nul grand fleuve n'apporte d'alluvions sur cette partie du littoral. Les cou-

---

(1) Roudaire, Arch. des Missions, *Miss. des Cholts*, 3ᵉ série, t. IV, p. 270.
(2) Pomel, *La mer intérieure et le seuil de Gabès*. Revue scientifique, 10 nov. 1877. — Id. Bullet. de la Soc. géol. de Fr.

rants marins eux-mêmes semblent plutôt, si tant est que leur action puisse être sensible, affouiller la côte au lieu de l'ensabler ; car les anciens périples grecs (1) représentent comme d'une navigation très dangereuse ces parages où l'on trouve partout au contraire aujourd'hui un fond de bonne tenue et des profondeurs suffisantes même pour nos grands vaisseaux (2). La seule explication possible du recul considérable de la mer depuis la période romaine est donc un soulèvement récent et prononcé de la côte. Nous verrons plus loin que l'étude attentive des textes conduit au même résultat (3).

II. — Mais il y a plus encore et d'autres observations géologiques semblent indiquer dans cette contrée des mouvements extraordinaires de dénivellation. A Constantine même, à l'endroit où fut établie la batterie de brèche qui eut raison de la fameuse forteresse, un énorme amas de cailloux, roulés et noyés dans une arène argilo-sableuse, se dresse au sommet d'une colline isolée, à sept cents mètres d'altitude environ. Malgré l'imprévu d'un tel phénomène sous une latitude aussi basse, j'avais d'abord songé à rattacher ce conglomérat à une action glaciaire (4) ; mais l'absence complète de cailloux striés, l'orographie générale de la région, qui ne laisse aucune place au cirque de réception et au thalweg nécessaires à un grand glacier, m'avaient rendu

---

(1) Scylax, *Périple*, 110 : — Σύρτις ἡ μικρὰ πολὺ τῆς ἄλλης Σύρτιδος χαλεπωτέρα καὶ δυσπλωτέρα. — Dyonis, Perieg. v. 200. — Avienus, *Descript. orb. terræ.* — Eustath. *Comm. in Perieg.* parle d'un golfe marécageux et semble indiquer que les lieux s'étaient déjà modifiés de son temps. — Strab., XVII, 3, 20.

(2) Voir la carte de l'amirauté anglaise dont les sondages ont été récemment vérifiés par M. Mouchez.

(3) Si l'on suppose les environs de Gabès immergés seulement à quelques mètres au-dessous du niveau actuel, on aura des atterrissages très difficiles et très dangereux, une côte chaque jour recouverte et chaque jour mise a sec par les marées qui sont, comme on sait, sensibles au fond des syrtes. Cette partie du rivage est si basse, en effet, qu'à deux kilomètres dans l'intérieur, le niveau de l'Oued-Melah qui se jette à huit minutes au nord de Gabès n'atteint pas tout à fait un mètre au-dessus de la Méditerranée. (Roudaire, *Mission des Chotts*, p. 203.)

(4) E. Pelagaud, *la Préhistoire en Algérie*, p. 9.

fort perplexe sur cette attribution, lorsque M. Tissot, ingénieur en chef des mines de la province qui termine en ce moment la carte géologique de la contrée, me suggéra l'idée que cet amas de cailloutis pouvait être un ancien cordon littoral, car cette formation se retrouve dans toute la région sur une ligne à peu près parallèle à la mer et dans des conditions qui rendent difficilement admissible l'action glaciaire, du moins telle que nous en relevons les effets en Europe, dans les grandes vallées qui rayonnent autour du massif alpin. Cette question, d'ailleurs, n'est pas de celles qu'on élucide en un jour, sans une étude minutieuse et complète de la contrée ; aussi n'est-il possible de signaler que sous toutes réserves les alluvions de Constantine comme signes géologiques d'un soulèvement de la côte africaine et seulement à titre subsidiaire à l'appui des autres faits plus nombreux et plus concluants énumérés ci-dessus (1).

L'examen détaillé des roches qui constituent le sol du Sa-

(1) Ces amas de cailloutis, presque en équilibre au sommet d'une étroite dorsale et entourés de chaque côté par des précipices abrupts et profonds, sont difficilement explicables autrement que comme restes d'un ancien rivage. On n'y a trouvé jusqu'ici aucun fossile, aucun signe caractéristique qui permette de déterminer l'âge auquel ils peuvent appartenir. Leur aspect général indique une formation très récente; mais la répugnance naturelle qu'on éprouve à admettre une pareille submersion de l'Atlas, submersion qui n'aurait pas laissé de traces plus étendues et plus claires, les a fait repousser jusqu'à la période pliocène. M. Pomel *(le Sahara,* p. 47), y voit même du mio-ène. C'est reculer la difficulté, mais la solution du problème n'en est pas plus avancée. Le même géologue est bien obligé d'admettre que le massif de l'Atlas a subi tout récemment des dénivellations considérables qui ont laissé des témoins irrécusables notamment dans la vallée du Chéliff (Ouvr. cité, p. 49). Il reconnaît que les dépôts marins côtiers se trouvent, près de Cherchell, à 200 mètres d'altitude et qu'un cordon littoral a été plus récemment soulevé de quelques mètres à Tripoli, Tunis, la Calle, Philippeville, Alger, Cherchell, Ténès, Mostaganem, Arzew, Oran, Tanger, Mazagran, Saffi, au cap Blanc (Ouvr. cité, p. 50), dans la lagune d'Assinie, près Acéra et jusqu'au Sénégal, dans la région des Marigots (*id.,* p. 25), c'est-à-dire que ces traces de soulèvement entourent le massif entier de l'Atlas sur toute la côte, du fond des syrtes au Sénégal. Mais comme ces faits contrarient son système, M. Pomel s'écrie « qu'ils indiquent un faible bossellement général et en masse de tout le massif atlantique et qu'ils infirment l'existence de tout phénomène important de dislocation et de ridement après l'époque de leur formation. » Certes, quelques distinctions que prétende établir M. Pomel entre différentes formations quaternaires (il est certain que dans le cas de dépôts côtiers étagés, les plus élevés doivent être les plus anciens, mais il n'y a là aucune raison pour en faire des terrains différents), une surélévation bien constatée de 200 mètres nous permet de laisser de côté les terrains douteux de Constantine et de clore péremptoirement la discussion de la mer saharienne. Les nivellements de M. Roudaire n'exigent pas même 50 mètres d'affaissement pour que la moitié au moins du Sahara oriental soit de nouveau sous les eaux.

hara serait sans doute le meilleur moyen de résoudre le problème de la formation de ce vaste désert. Malheureusement
cet examen n'est point facile dans un pays aussi peu acces-
sible que celui-là et dont la carte topographique elle-même
est si incomplète encore. Les renseignements que nous possédons sur la contrée sont partiels et très-insuffisants. La
géologie de la côte entre Dellys et Bougie est absolument
inconnue ; à plus forte raison en doit-il être de même des
solitudes de l'intérieur dans lesquelles l'Européen ne saurait
s'aventurer sans appréhension.

III. — La surface du Sahara peut se diviser, d'après ses
caractères extérieurs, en deux grandes sections : le désert
de plateau et le désert de dunes dans lesquels ne sont naturellement compris ni les oasis ni les chotts ou sebkhas,
marais et lacs salés. Le désert de plateau est formé d'immenses étendues à peu près horizontales et nues. Le sol se compose de sable jaune et siliceux agglutiné par un ciment
gypseux qui devient parfois prépondérant au point de former une véritable croûte de sulfate de chaux plus ou moins
cristallisée. Le soleil fait fendre cette croûte qui se divise alors
en petits polygones irréguliers d'un aspect caractéristique
et que M. Ch. Martins a désigné sous le nom de gypse pavi-
menteux (1).

Dans le voisinage de l'Aurès, c'est-à-dire sur la rive septentrionale des chotts qui s'étendent en série presque ininterrompue du golfe de Gabès aux frontières du Maroc et sans
doute au delà, ce gypse est saupoudré de cailloux très durs
blancs, jaunes et rouges de quartz jaspoïde et chalcédonien
provenant des filons de l'Aurès et dont le volume diminue,
par conséquent à mesure qu'on s'éloigne de leur lieu d'origine
en descendant vers le sud. Des cours d'eau torrentiels ont

(1) Ch. Martins, *Du Spitzberg au Sahara*, p. 555.

raviné çà et là ces amas d'alluvions, en se précipitant vers le
fond des chotts, et les parois de ces ravins escarpés et profonds permettent d'en étudier la constitution. Ce terrain se
compose principalement de matériaux détritiques, déposés
en stratification torrentielle, c'est-à-dire inclinée à l'aval,
absolument comme les deltas que les fleuves amoncellent à
à leurs embouchures dans la mer.

Le désert de dunes s'étend surtout dans la partie orientale
du Sahara. Il est formé, comme son nom l'indique, d'immenses amas de sables mouvants que les vents plissent en séries
de hautes collines. A l'inverse des dunes de la Gironde, qui
envahissaient, avant qu'on eût réussi à les fixer par la culture, tout le territoire situé à l'orient, les dunes du Sahara
sont à peu près immobiles, c'est-à-dire qu'elles oscillent péri-
odiquement autour d'un point qui peut être idéalement
considéré comme fixe, poussées tantôt au nord-ouest, tantôt
au sud-est par les vents qui dominent alternativement dans
ces parages (1). Mais leur constitution géologique ne diffère
de celle du désert de plateau que par l'absence de ciment
gypseux (2).

Ce sont deux types qui représentent autant de faciès d'un
seul et même terrain (3). On dirait, dans le désert de plateaux, le lit d'une mer qui se serait lentement évaporée,
déposant le gypse qu'elle tenait en dissolution (on sait que
cette substance est celle qui se précipite la première dans
les eaux mères des salines, à cause de sa moindre solu-
bilité (4)); puis au fond de sa dernière cuvette, restreinte,
à peu de choses près, aux dimensions des sebkhas actuelles,
le chlorure de sodium de plus en plus concentré dans

---

(1) E. Desor, *La forêt vierge et le Sahara*, p. 90. — Ch. Martins, *Le Sahara oriental*,
p. 561.
(2) E. Desor, *id.*, p. 91.
(3) E. Desor, *id.*, p. 78.
(4) Ch. Martins, *Le Sahara oriental*, p. 552.

ses eaux de plus en plus réduites. La salure des chotts est,
en effet, à peu près à l'état de saturation. Les torrents descendant des montagnes ayant un espace de plus en plus long
à parcourir, pour atteindre les rivages de jour en jour plus
éloignés de la mer mourante, se sont creusé un lit dans les
matières meubles des anciens deltas qu'ils avaient jadis
déposées sous les flots, et ce lit forme aujourd'hui les ravins
où coulent les minces filets d'eau des *Oued*, microscopiques
représentants des grands fleuves d'autrefois (1).

Le désert de dunes, au contraire, semble représenter le
rivage de l'ancienne mer, ou du moins la partie qui s'est
trouvée exondée par le soulèvement du sol avant que la salure des eaux du bassin central fût assez concentrée pour amener le dépôt du gypse qu'elles contenaient en dissolution.
Le sable dépourvu de ciment est donc resté à l'état pulvé-
rulent et a pris, sous l'action des vents, la forme de dunes
fixes qui donne au désert son aspect caractéristique et
désolé.

Un fait à noter et qui concorde pleinement avec la théorie du dépôt de la surface du Sahara sous les eaux d'une mer
récente, presque contemporaine, c'est qu'on y trouve fort
peu de bancs de rochers compacts. On y construit les maisons avec des quartiers de gypse. Le sol tout entier parait
composé sur une épaisseur de 160 à 180 mètres — profondeur extrême qu'aient atteint les sondages français pour la
création des puits artésiens, — de matériaux meubles séparés par des bancs de gypse et des lits d'argile imperméable
et plus ou moins durcie. On dirait des rochers en voie de
formation, grès, schistes, conglomérats et calcaires grossiers,
mais qui ne feraient qu'entrer dans leur période de solidi-
fication.

____

(1) **V. Largeau**, *Le pays de Rirha*, p. 193.

IV. — La profondeur *maxima* de la dépression saharienne
se trouve dans la région des chotts par 34 degrés de latitude nord environ. Les pentes rapides du Djébel Aurès plon-
gent directement dans cette grande cuvette, tandis que la contrée se relève lentement au sud jusqu'à un point inconnu
dans l'intérieur. Il résulte de cette disposition du terrain que
les puits forés dans les Zibans, entre l'Aurès et les chotts ne
donnent que peu d'eau, relativement à leur profondeur, car
leur bassin d'alimentation est restreint par la grande incli-
naison du versant méridional de l'Aurès. Au sud des chotts,
au contraire, où la pente est insensible, le bassin d'alimentation très vaste et probablement très éloigné (1), le débit
des puits, même peu profonds, est énorme ; certains donnent près de 5 mètres cubes à la minute. Cependant, les
sources de cette immense nappe d'eau souterraine doivent se
trouver à une altitude assez basse, car, dès qu'on s'élève et
qu'on arrive à Touggourt, par exemple, la force ascension-
nelle de la colonne d'eau diminue rapidement. Plus au sud,
l'eau coule presque à la surface. Dans les environs de Ouargla
on la trouve, d'après M. Largeau (2), à 7 ou 8 mètres de pro
fondeur seulement. Il est vrai qu'on ignore s'il s'agit là de la
même nappe d'eau que celle de l'Oued-Rihr et si des forages
poussés dans ces régions à une profondeur suffisante ne
donneraient pas, eux aussi, une colonne d'eau jaillissante considérable.

La pente générale du Sahara se relève aussi à l'ouest,
au dessous de Larhouat, mais beaucoup plus rapidement
qu'au sud. Tandis que l'altitude de Touggourt n'est que de
69 mètres et que Ouargla, situé à plus de deux degrés au

(1) D'après les renseignements recueillis auprès des chefs touaregs par M. Tristam, il serait
probable que les sources des eaux souterraines du Sahara devraient se chercher dans les montagnes boisées du Hoggar, encore inconnues des Européens. E. Desor, ouvr. cité, p. 122.
(2) V. Largeau, *Le Sahara, premier voyage d'exploration; Ouargla et le pays de
Rihr'a, passim.*

sud du chott Melrhir est à peu près à la même hauteur que
Biskra (126 contre 124), qui n'en est qu'à 30 minutes au
nord environ, on atteint 295 mètres à El Guerrara, à un degré de longitude à l'ouest et 403 à Dhâya Oumm ed Déra-
bin. Il est vrai qu'on se trouve là sur les premiers contreforts
du plateau des Béni-Mzab, qui s'avance, comme une haute
presqu'île au milieu de la dépression saharienne. Pour appré-
cier exactement le niveau général de celle-ci, il faudrait contourner au sud cette vaste saillie et descendre au moins
jusqu'à la latitude d'El Goléah. Mais ces régions, à peine en-
trevues durant une courte et triomphale expédition, n'ont
jamais été scientifiquement explorées. Tout ce que l'on sait
d'après les rares itinéraires et les quelques données que l'on
possède sur ces régions impénétrables, c'est que le désert se
relève insensiblement jusque sous le méridien de Gibraltar,
qui coïncide avec le principal centre de soulèvement du massif
de l'Atlas (1), pour redescendre ensuite, après une ligne de
faîte peu élevée, probablement au-dessous du niveau de
l'Océan, entre les îles Canaries et le Cap-Vert.

V. — La formation géologique de cette région atteste,
nous l'avons vu, une origine éminemment récente. La plupart
des explorateurs n'ont pas hésité à y voir les dépôts d'une
mer quaternaire dont le dessèchement se termine à peine
à l'époque actuelle. Mais quelques savants, hostiles au
projet de M. Roudaire, ont prétendu que ces terrains n'étaient
que des alluvions fluviatiles, des *diluviums*, comme on disait
autrefois, amoncelés autour de petits lacs salés par des torrents dont on n'explique ni l'origine ni la disparition, non
plus que celle des lacs eux mêmes. Quant aux dunes, elles
seraient le produit de la désagrégation sur place de grès an-

(1) Voir les coupes orographiques reproduites par M. Bourguignat, *Malacologie de l'Algérie*,
t. II, *sub fine.*

ciens. Enfin, les ondulations, les caractères orographiques de la surface du Sahara que mettrait en relief un nivellement dressé le long du cinquième degré de longitude orientale, figureraient une série d'accidents qui ne donnent rien moins que l'image d'une cuvette de Méditerranée (1).

Ce nivellement a été fait par le capitaine Roudaire et les membres de la mission dont je parlerai plus loin, et il a montré que si le cinquième méridien oriental tombait précisément sur un étranglement de cette cuvette, celle-ci ne s'en creusait pas moins très nettement à droite et à gauche. D'ailleurs il s'agit moins de savoir ce qui existe actuellement dans cet endroit précis, puisque les opérations géodésiques ont indubitablement démontré la possibilité d'inonder une partie plus ou moins grande du bassin des chotts par les eaux de la Méditerranée, que de découvrir ce qui existait autrefois. Or nul géologue n'ignore que la surface terrestre est sans cesse animée de mouvements que tout démontre être dirigés de bas en haut pour cette partie de l'Afrique depuis l'origine de la période contemporaine. Il est donc facile de comprendre que le profil orographique de la contrée, quelque accidenté qu'il puisse être — ce qui d'ailleurs est loin de s'appliquer au cas présent — n'indique aucunement qu'elle se soit trouvée, ou non, récemment recouverte par les eaux. Les traces d'un exhaussement suffisant du sol et les fossiles attestant l'âge de sa formation sont les seuls indices qui puissent aider à résoudre cette question. Or nous avons vu que les dépôts littoraux de tous les rivages méditerranéens indiquaient un soulèvement récent plus ou moins prononcé des côtes, soulèvement que les amas de cailloux roulés de Constantine permettraient de porter à 600 ou 700 mètres pour cette partie du massif atlantique. M. Pomel lui-même,

(1) Pomel, le Sahara, p. 9 et 13.

dont nous discutons en ce moment les conclusions, reconnaît, nous l'avons vu, que des mouvements considérables du sol ont eu lieu dans les montagnes des Béni-Mnadcer et que les dépôts récents de limon et de cailloux roulés atteignent dans la vallée du Chéliff, entre Orléansville et Milianah, des hauteurs d'au moins 200 mètres (1). Il n'en faut pas plus pour que le Sahara, qui n'a jamais dû être très profondément enfoncé sous les eaux, se soit trouvé complètement exondé, même en ses parties les plus hautes situées probablement au sud-ouest de la presqu'île des Béni-Mzab, dans les régions complètement inconnues qui dépendent du Maroc. Rien n'empêche d'admettre, d'ailleurs, que les points culminants aient formé autant d'îles mentionnées, comme nous le verrons plus loin, par les plus anciennes traditions qui nous soient parvenues sur ces contrées et qui concordent singulièrement en leurs moindres détails avec ce que l'on peut induire de l'état actuel des lieux.

VI. — Si l'on n'admet pas que le sol du désert ait été formé par les dépôts d'une mer récente, il devient nécessaire de bâtir une théorie d'exceptions pour expliquer soit les lacs salés des chotts, soit le gypse du désert, soit encore les courants d'eau douce qui ont raviné le lit des oued et amoncelé les dépôts de cailloutis épars çà et là sur la surface du Sahara. Qu'est-ce qu'un lac salé qui n'aurait jamais communiqué avec la Méditerranée et n'en serait pas un relais? D'où viendraient ces masses de sel et de gypse qui impreignent les sables d'alentour? M. Largeau paraît croire (2) que ce sont les eaux pluviales qui ont lavé de vastes espaces, dissous les sels qui s'y trouvaient disséminés et les ont transportés au fond des dépressions où ils se sont accumulés après l'éva-

(1) Pomel, *le Sahara*, p 28, 49 et 50. Voir la note ci-dessus.
(2) **V. Largeau**, *Le pays de Rirha*, passim.

poration du liquide qui leur avait servi de véhicule. Mais c'est
là une hypothèse toute gratuite, en contradiction avec les faits
observés partout ailleurs. Les roches qui pourraient fournir
de pareilles masses de sels natifs sont très rares et très bien
connues ; aucune d'elles n'a été rencontrée dans le Sahara,
composé de terrains modernes, lesquels ne sont salés que lorsqu'ils proviennent de dépôts marins récents. Supposer que
les lacs salés du désert ont été formés par le lavage du sol
environnant, c'est donc dire par là même que ce sol est de
formation marine récente.

Mais M. Pomel ne l'entend pas ainsi, et M. Tournouër lui-
même semble admettre, bien que très dubitativement, la possibilité de la salure des chotts par le lavage des terrains en-
vironnants (1). Ce que pouvaient être ces terrains salifères
nul ne l'explique bien clairement. M. Fuchs y a vu, près de
Gabès, des couches nummulitiques; M. Pomel (2) croit y reconnaître la craie cénomanienne, s'étendant peut-être jusqu'au delà de l'étage turonien. « On peut dire d'une façon très
générale, ajoute-t-il, que, dans toute la portion de la Tunisie
au sud du parallèle de Sfax, tous les reliefs sont des ilots plus ou
moins vastes de cette formation dans une mer de terrain quaternaire diluvien. » Ces ilots sont composés à leur base par
« des alternances nombreuses de grès sableux, d'argiles bario-
lées, de marnes et de calcaires marneux, dans lesquels le
gypse et le sel sont très fréquents, disséminés ou en masse. »
Les cristaux de gypse sont également si nombreux dans les
fonds de sebkhas, c'est-à-dire dans les vases argileuses qui se
déposent actuellement sous les eaux des chotts, que ces marnes en sont comme « criblées ».

Une carapace concrétionnée de calcaire les recouvre et on

(1) Tournouër, *Coquilles marines des Chotts algériens*, compt. rend. Société fr. Avancem.
des sc. Paris, 1878, p. 613.
(2) Pomel, *Petite Syrte et chotts*, Bull. Soc. géol. de Fr. 3ᵉ série, t. VI, 1878, p. 219.

2

n'y trouve, en fait de fossiles que des coquilles terrestres d'es·
pèces encore vivantes qui se rencontrent également dans les
bancs de gypse. L'Ile de Kerkena parait appartenir entiè-
rement à cette formation.

Or en présence de ces deux terrains si voisins, comme faciès
et comme composition, quelle raison existe-t-il pour reculer
l'un jusqu'à la période crétacée, alors que le second est tout
moderne ? — Quelle raison ? Une seule, des empreintes *in-
déterminables* d'Inocérames — et rien autre.

Puis il faut bien ajouter aussi la nécessité de trouver une
origine au sel des chotts et au gypse des « atterrissements
continentaux ». On peut tout expliquer alors sans « l'hypothèse » de la mer saharienne, grâce à une autre hypothèse
bien plus extraordinaire, mais aussi bien plus nouvelle, que
l'on formule en disant : « Les seuls fragments de coquilles
terrestres qu'on peut y voir (dans les terrains quaternaires du
Sahara oriental) attestent une origine continentale, sous l'action de phénomènes dont il est difficile de se faire une idée,
mais qui trouvent peut-être leurs similaires dans cette région
des grands lacs de l'Afrique centrale où les pluies tropicales
font étendre les nappes liquides sur des surfaces immen ·
ses (1). »

VII. — Ainsi donc, pour défendre une théorie toute faite,
on en est réduit à inventer des phénomènes extraordinaires,
incompréhensibles et l'on ne remarque pas que, même avec de
pareilles entorses à la méthode scientifique, le système que
l'on prétend établir ne supporte pas un sérieux examen, car, si
la salure des chotts était due au lavage des terrains crétacés
formant cuvette par des phénomènes diluviens gratuitement
supposés, ces terrains ne présenteraient plus les amas, les
lentilles, les montagnes de sel que l'on remarque aujour-

(1) Pomel, *loc. cit.*, p. 220.

d'hui précisément à leur surface, c'est-à-dire dans la partie
des couches qui aurait dû être le mieux dessalée; en outre
ce lavage quel qu'il fût, n'aurait pu dissoudre le sulfate de
chaux en assez grande quantité pour former ces innombrables
cristaux de gypse dont tous ces « atterrissements », c'est-à-
dire tout le sol de toute la surface du Sahara, est « criblé ».
Enfin, en reconnaissant que l'île de Kerkena située en pleine
Méditerranée, à 100 kilomètres de Gabès, appartient entiè-
rement à cette formation, on convient par là même de l'origine marine et méditerranéenne des terrains quaternaires du
Sahara, puisque la surface de cette ile s'est bien évidemment
formée sous les eaux de la Méditerranée, loin de tout « atterrissement continental » possible.

Ce fait de l'identité des couches sahariennes avec l'île de
Kerkena, où « là aussi il y a des sebkhas pour compléter
l'analogie », est d'une gravité extrême. Afin d'échapper à ses
conséquences, ira-t-on jusqu'à inventer un affaissement
postquaternaire de toutes les syrtes, qui aurait amené la
mer jusqu'au rivage actuel et submergé les anciennes formations diluviennes continentales, puis un relèvement, pour
faire émerger les iles actuelles? Il paraît difficile qu'on ose
pousser aussi loin l'esprit de système.

Combien il serait plus simple et plus sage de ne pas dé-
penser tant d'efforts et de talent à soutenir une cause impossible, et d'admettre ce que tous les faits observés jusqu'ici
concordent à indiquer, c'est-à-dire un vaste relèvement du
Sahara grâce auquel les chaînes jadis sous-marines ont
émergé peu à peu, enfermant au fond des cuvettes ainsi successivement isolées, des relais de la Méditerranée primitive
dans lesquels les sédiments marins gypso-salés ont continué
à se déposer mêlés avec les alluvions des torrents qui appor-
taient, jusqu'au milieu des strates gypseuses, les coquilles
terrestres qu'on y retrouve aujourd'hui! Au large de la côte

actuelle, ce même soulèvement a fait surgir les sommets des collines sous-marines qui forment maintenant les iles littorales dont le relief est composé de terrains identiques, puisqu'ils se sont constitués dans les mêmes conditions.

VIII. — Au surplus, d'autres faits plus positifs encore viennent démontrer l'origine marine des dépôt sahariens. Ce sont les fossiles.

Dans son premier ouvrage sur le Sahara (1), M. Pomel s'était hasardé à affirmer un fait négatif, savoir, l'absence complète de débris d'animaux marins dans le désert et de ces coquillages fossiles que toute mer desséchée laisse derrière elle comme témoins de son passage; cette affirmation, il la répétait cinq ans après en l'accentuant (2).

Or ces fossiles, on en découvre précisément chaque jour, à mesure qu'on en cherche.

C'est d'abord le *cardium edule* si commun dans la Méditerranée actuelle. M. Marès l'a trouvé en 1857 dans les Dayas de Habassa, au sud de la province d'Oran (3) et dans les environs d'Ouargla. M. Laurent l'a ensuite rencontré sur les bords du chott Melrhir et dans le sondage de Oum el Thiour jusqu'à 7 mètres de profondeur (4). MM. Roudaire et Lechatellier l'ont recueilli presque partout au bord des chotts et à Tozer, en Tunisie; il forme même une lumachelle vers l'Oued Djeddi. La mission italienne des chotts en a trouvé dans l'oasis tunisienne de Mtoudja. Enfin M. Thomas l'a re-

(1) Pomel, *Le Sahara*, 1872, p. 87 : « Il est incontestable que les dépôts quaternaires du Sahara ne se sont pas opérés sous les eaux (de la mer) ni même de mers partielles qui n'auraient pas manqué d'y laisser des traces de leur existence par des débris d'animaux marins, tandis qu'on n'y trouve qu'un petit nombre de fossiles ayant habité les eaux douces ou saumâtres et des coquilles terrestres. »

(2) Pomel, *la Mer intérieure d'Algérie et le seuil de Gabès*. — Revue scientifique du 10 nov. 1877, p. 433 et suiv.

(3) Marès, *Sur la constitution générale du Sahara dans le sud de la prov. d'Oran*. — Bull. Soc. géol , 2ᵉ série, t. XIV, p. 524.

(4) Laurent, *Puits artésiens du Sahara oriental*. Bull. Soc. géol., 2ᵉ série, t. XIV, p. 615 et suiv.

cueilli, roulé, avec des Mélanies, des Planorbes et quelques
débris .de coquilles marines dans les dunes de Sedrata, au
sud d'Ouargla (1).

Ces *Cardium*, répandus dans tout le désert, ont d'abord
embarrassé les adversaires de la mer Saharienne. Puis
M. Fuchs a pensé résoudre la difficulté en les rattachant à
une formation marine du commencement de la période pliocène (2). Mais M. Tournouër n'a pu admettre une pareille
hypothèse et a proposé une autre explication (3). D'après
lui, le *Cardium edule* étant un mollusque d'eaux saumâtres
aussi bien que marines, il a pu vivre dans toutes les petites
flaques d'eau plus ou moins salée du Sahara sans que sa présence implique en aucune façon la préexistence de la mer
dans ces bassins, où il aurait été introduit par les oiseaux
aquatiques.

Bien que M. Desor, s'appuyant sur des raisons de physiolo-
gie technique, nie pour le *Cardium edule*, la possibilité d'une
propagation de ce genre (4), nous passerons condamnation
sur ce mollusque pour en arriver à une valve morte d'une
grande *Arca* trouvée par la première expédition de M. Roudaire sur les bords du chott Melrhir et que M. Fischer a rapprochée de l'*Arca rhombea* de l'océan Indien. Naturellement
on s'est écrié que cette coquille ne vivant plus dans la Méditerranée actuelle, elle avait dû être apportée par le commerce en plein Sahara. Comment, par qui, dans quel but,
on ne le dit pas (5). Il en est de même des *Pecten*, des *Pec-
tunculus*, des *Triton*, des *Cyprœa moneta*, des *Conus* roulés
et polis, méditerranéens pour la plupart, qui ont été recueillis par M. Thomas sur l'emplacement de l'ancienne oasis

(1) Tournouër, *Comp. rend. Soc. géol.* Séances du 4 février et 17 juin 1878.
(2) Fuchs, *L'Isthme de Gabès*, 1877, p. 20 en note.
(3) Tournouër, *Coquilles marines des chotts algériens*, Assoc. fr. pour l'avancement des
sciences, Congrés de 1878, p. 610-614.
(4) Desor, *La forêt vierge et le Sahara*, p. 134, en note.
(5) Tournouër, *loc. cit.* p. 645.

de Sedrata ruinée et abandonnée depuis huit ou neuf cents ans (1). On objecte que ces coquilles se trouvaient à la surface du sol, non en place dans les couches géologiques, et l'on affirme que leur présence dans le Sahara s'expliquera sans doute un jour très clairement du fait l'homme.

En attendant que cette explication se produise, on s'appuie sur les espérances qu'on en a conçues pour nier de nouveau l'existence d'une mer Saharienne. Mais M. Desor, qui avait déjà publié en allemand les notes du voyage fait par lui dans le Sahara en compagnie de MM. Escher de la Linth et Martins (2), était revenu de nouveau à la charge pour maintenir les conclusions que ses compagnons et lui avaient tirées des phénomènes observés par eux et pour affirmer de nouveau l'origine marine des terrains sahariens. M. Desor rappelle, dans le nouvel ouvrage qu'il vient de publier sur cette question (3), qu'après avoir trouvé un grand nombre de *Cardium edule* à plusieurs mètres de profondeur dans le sable près d'Om-el-Thiour, sur la rive occidentale du chott Melrhir, ses compagnons et lui se mirent à rechercher minutieusement d'autres preuves de l'origine marine des dépôts sahariens, c'est-à-dire d'autres coquilles, « attendu qu'il est bien rare que sur une plage quelconque il n'existe pas d'associations d'espèces. »

La caravane était alors à une petite distance au nord d'El Ouad. Elle venait de dépasser l'oasis de Gomar et campait autour du puits de Bechana (4). Le sol était un plateau recouvert d'une couche de gypse dur sous lequel se trouvaient des couches de sables et de galets tantôt horizontales, tantôt en stratification discordante. De nombreuses et profondes

---

(1) Tournouër, *Compt. rend. Soc. géol.* 4 fév. et 17 juin 1878. Assoc. fr. pour l'avanc. des sciences, Congrès de 1878, p. 615-617.

(2) E. Desor, *Aus Sahara und Atlas*, Wiesbaden, 1865.

(3) E. Desor, *La Forêt vierge et le Sahara*, p. 134.

(4) Voir la carte de l'Algérie au 1,600,000e, publiée en 1874 par le Dépôt de la guerre.

rosions avaient découpé tout le terrain, de manière à permettre facilement l'étude de la contexture de ces couches
jusqu'à une assez grande profondeur. Le chef de la caravane,
M. le capitaine Zikel, « dont l'intérêt, dit M. Desor (1), n'é-
tait pas moins excité que le nôtre, ne tarda pas à y trouver
une coquille à peu près entière que nous reconnûmes pour
être le *Cardium edule*. Encouragés par ce premier succès,
nous continuâmes nos recherches et nous trouvâmes, asso-
ciés au *Cardium* un Buccin (*Buccinum gibberulum* Lam.) et
quelques fragments de Balane (*Balanus miser*, L.). Ici donc
il ne pouvait plus y avoir de doutes, le terrain qui renfer-
mait ces coquilles était un dépôt marin régulier. Ce fait
étant acquis, il s'ensuit que la mer Saharienne s'étendait au
moins jusqu'au Souf, c'est-à-dire à plusieurs journées de
marche au sud de la rive méridionale du chott Melrhir. Dira-
t-on maintenant qu'elle s'arrêtait-là parce qu'on n'a pas encore
constaté des coquilles marines plus au sud? Cela ne serait
nullement justifié. Il est évident pour nous qu'elle devait se
prolonger aussi loin que s'étend le désert de plateau, et probablement recouvrir le sol qui est aujourd'hui occupé par
les dunes ou aregs jusqu'à Rhadamès, en tout cas, jusqu'à
El Oued. Même dans ces limites restreintes elle devait oc-
cuper une surface au moins décuple des chotts actuels.

« Il en est du Sahara comme des sables du Brandebourg et
du Hanovre, que l'on a cru pendant longtemps dépourvus de
fossiles marins et que l'on sait maintenant en contenir un
certain nombre. De même la Sibérie n'a fourni sa première
coquille marine qu'il y a quelques années.

« Si la mer Saharienne est de nos jours réduite à la surface des chotts, c'est qu'elle s'est écoulée, et cet écoulement
ne peut s'être effectué qu'à la suite d'un exhaussement du
fond. De pareils mouvements du sol ne sont pas rares. »

(1) D. Desor, *La Forêt vierge et le Sahara*, p. 136.

IX. — En l'état actuel de nos connaissances géologiques sur le Sahara et de l'incertitude qui règne sur la constitution des régions complètement inexplorées du Maroc méridional, nous n'avons rien à ajouter à des paroles aussi concluantes revêtues de la triple autorité de M. Desor, de M. Martins et de M. Escher de la Linth. En vain M. Tournouër a objecté à la première relation de M. Desor (1) que les fossiles trouvés par lui dans des alluvions déposées en stratification torrentielle étaient d'espèces rares, usées, percées et pouvaient avoir été apportées par le fait de l'homme dans les fleuves sahariens, qui les auraient ensuite roulées pêle mêle avec les alluvions de leur lit jusque dans le Souf. Si l'on admettait une pareille méthode de raisonnement qui combat des faits précis par des hypothèses, par des peut-être, il n'y aurait plus de science possible. M. Tournouër d'ailleurs ne nie pas la mer Saharienne. Il se borne à demander un supplément d'informations paléontologiques et reconnait qu'il y a dans le relief actuel de l'Afrique du Nord beaucoup de faits difficilement explicables sans elle.

Quant à la constitution géologique du seuil de Gabès, c'est-à-dire du barrage qui sépare actuellement la Méditerranée du lit des chotts, il est important, surtout au point de vue historique de la question, de déterminer exactement sa nature.

Sans compter l'expédition du marquis Antinori, envoyée en Tunisie par la Société de géographie de Rome, et qui ne paraît pas avoir recueilli ou publié de données suffisamment précises, la partie de la côte qui avoisine Gabès a été étudiée jusqu'ici par quatre personnes : M. Fuchs, ingénieur des mines (2), M. Roudaire (3), M. Tissot, ambassadeur de France

---

(1) Tournouër, *Coquilles des chotts*, Congrès de Paris, p. 618-622 — La note de M. Tournouër est antérieure au dernier ouvrage de M. Desor, qui y affirme de nouveau et avec une nouvelle force l'existence de la mer Saharienne.

(2) Fuchs, *Note sur le percement du seuil de Gabès*, Compt. rend. de l'Acad. des sciences, 1874, 2ᵉ semestre, p. 332.

(3) Roudaire, *Mission des chotts*, Arch. des Miss. scient., 3ᵉ série, t. IV.

Constantinople (1), et enfin M. Pomel (2). Malheureusement aucun de ces quatre voyageurs, sauf peut-être M. Roudaire et M. Tissot, ne s'accorde avec les autres dans les descriptions qu'ils nous ont laissées du seuil de Gabès. Nous allons comparer entre elles leurs diverses relations et tâcher d'en faire jaillir la lumière.

M. Fuchs est ouvertement hostile au projet de rétablissement de la mer Saharienne. Non pas qu'il le tienne pour irréalisable ou qu'il doute des résultats à en espérer, mais il croit que les difficultés et surtout le coût de l'entreprise dépasseraient les profits qu'elle pourrait donner et qu'il faudrait attendre pendant un très long temps. D'après la description géologique très vague et très obscure qu'il a rédigée, le seuil de Gabès porterait des traces visibles d'un soulèvement récent d'une quinzaine de mètres au plus. Ces traces consistent en un cordon d'alluvions littorales disposé le long de la côte et contenant un grand nombre de fragments de coquilles actuelles, Murex, Natices, Cérites, etc. Au-dessus de ce niveau se trouve un isthme rocheux formé de grès quartzeux et ferrugineux qui repose sur des calcaires compacts, le tout redressé à plus de soixante degrés, orienté est-nord-est et s'abaissant vers la plage. M. Fuchs attribue dubitativement ces terrains à la formation éocène, sans baser cette opinion sur d'autres indices que sur l'aspect général de la région. Quant à l'orographie de ce barrage, elle ne constituerait qu'un prolongement du Djébel Douirât, coupé au nord de Gabès par deux grandes dépressions ou cols dont les lèvres se redresseraient brusquement en falaises. La plus profonde, qui se trouve aussi la plus septentrionale, est couverte d'alluvions et de terrains de transport.

(1) Tissot, *Notice sur le chott el Djérid*. Bull. Soc. géogr. de Paris, juillet 1879.
(2) Pomel, *La mer intérieure d'Algérie et le seuil de Gabès*. Revue scient., 10 nov. 1877.

X. — Cette description ne concorde aucunement avec celle que nous donne M. Pomel, à tel point qu'on se demande si c'est bien du même point de la côte que les deux géologues ont voulu parler.

Avant d'avoir visité le seuil de Gabès, M. Pomel avait déjà commencé par se le figurer tel qu'il devait être pour la plus grande commodité de son hypothèse sur la formation non marine du Sahara. « Je ne serais pas surpris, écrivait-il dans son premier ouvrage (1), d'y trouver une barrière rocheuse tracée par le prolongement de l'axe crétacé du Djébel Douirât ». Examen fait sur les lieux, M. Pomel est obligé d'en rabattre. Ce ne sont plus des roches dures, mais ce ne sont pas non plus des sables mouvants, dont la présence en pareil lieu aurait coulé du coup la théorie ; c'est une formation particulière, renfermant en guise de fossiles... des Helix terrestres et rien autre ! « A l'exception d'une faible trainée de sables dirigés est-ouest, écrit-il en 1877 (2), il n'y a point de dunes dans ce qu'on appelle le seuil de Gabès.

« Le sol en est formé par un atterrissement limoneux alternant avec des bancs de gypse et lui-même plus ou moins abondamment criblé de cristaux de cette substance, qui s'y trouvent souvent en plaques enchevêtrées qui tracent des réseaux en saillie sur les parois escarpées des ravines. La surface est parfois endurcie par des infiltrations calcaires et paraît former carapace. Les seuls fossiles que j'y ai observés, sont des hélices des types actuels, *H. vermiculata* et *H. candidissima* ».

Je ne me charge pas de faire concorder cette description avec celle de M. Fuchs, pas plus que d'expliquer comment les grès ferrugineux et le calcaire compact de l'un ont pu devenir pour l'autre des bancs de gypse et des dépôts limo-

(1) Pomel, *Le Sahara*, p. 78 et 79, 1872.
(2) Id. *La mer intérieure*, etc. Rev. scient., 10 nov. 1877, p. 438.

neux recouverts d'une carapace produite par des infiltrations calcaires (1). La moindre coupe géologique ferait bien mieux notre affaire que ces indications discordantes, et l'on ne saurait trop s'étonner que deux géologues, désireux de déterminer la nature d'un terrain d'apparence fort peu compliquée, aient précisément négligé le moyen le plus certain et le plus positif qu'ils eussent à leur disposition. Il est vrai qu'en laissant flotter dans ce vague, peut-être intentionnel et voulu, les détails d'une question que des observations de faits précis et positifs peuvent seules résoudre, M. Pomel se donne la possibilité de conclure : « En dernière analyse, on ne trouve aucune trace de la présence de la mer sur les versants du seuil de Gabès. Ce seuil est constitué par des dépôts limoneux d'origine continentale avec des coquilles terrestres. A sa surface, on trouve des silex taillés indiquant des stations préhistoriques. Des alluvions plus récentes, puisqu'elles reposent dessus, renferment encore des outils en silex d'un très beau type et ces alluvions sont bien antérieures à la fondation de l'emporium carthaginois ou romain (Tacape-Gabès) qui a été édifié sur ces dépôts » (2).

XI. — Que M. Pomel n'ait trouvé aucune trace de la présence de la mer sur les versants du seuil de Gabès, ce n'est là qu'une preuve négative à laquelle il n'y a pas lieu de s'arrêter. Mais il serait intéressant de savoir ce que peuvent bien être « des dépôts limoneux d'origine continentale avec des coquilles terrestres ». S'agit-il de boue glaciaire, de lehm, et veut-on expliquer le barrage de l'isthme de Gabès par la forme allongée et en dos d'âne d'une ancienne moraine?

---

(1) D'où sont venues ces infiltrations calcaires qui ont imbibé la surface d'une ligne de faîte, si le seuil tout entier n'a pas été plongé sous des eaux chargées de sels en dissolution? Il est regrettable que M. Pomel ait négligé d'expliquer comment il comprenait cette formation qui nous paraît impliquer contradiction avec le système de son auteur.

(2) Pomel, *La mer Saharienne*, etc. Revue scient., 10 nov. 1877, p. 439.

Évidemment non. Il ne peut pas être question non plus
d'alluvions fluviatiles, puisque M. Pomel ne croit pas au
fleuve Triton des géographes classiques. D'ailleurs, ces alluvions n'affecteraient pas la forme d'une dorsale, quelque
disposition orographique de la contrée que l'on suppose.
Elles ne contiennent que des coquilles terrestres. Veut-on
dire que l'eau ne doit pas entrer en ligne de compte pour
expliquer leur formation? Ce ne sont pourtant pas des éboulis, puisqu'il n'y a aucune hauteur dominante sur ces rivages.
Des sources de boue, des espèces de geysers jaillissant de
l'intérieur du globe? Rien ne l'indique. Des terrains de transport amoncelés par voie aérienne? Mais on ne veut pas en-
tendre parler de dunes dans ces parages! C'est du limon avec
du gypse et des infiltrations calcaires. Non; en vérité, si ce
n'est pas la mer qui a déposé tout cela, je ne parviens pas à
comprendre ce que peuvent être ces « dépôts limoneux
d'origine continentale ». Mieux vaut le système de M. Fuchs
qui a vu, lui au moins, les grès ferrugineux et les calcaires
compacts éocènes (?) d'une arête rocheuse coupée de deux
grandes fissures qui nous laissent la consolation d'y placer,
si l'on veut, les estuaires de l'ancien lac Triton desséché par
un soulèvement du sol avec l'île Phla d'Hérodote entre eux
deux. Mais M. Pomel n'ose plus soutenir l'existence d'une
barre rocheuse, si favorable pourtant à sa théorie, et il est
obligé de recourir à une formation extraordinaire et peu com-
préhensible.

Dans l'oasis de Damas, au pied des grandes chaînes de
l'Anti-Liban et de l'Hermoht, on trouve répandue sur un
plateau d'une immense surface, une couche de cailloutis, de
limons et d'alluvions auxquels on pourrait appliquer la défi-
nition de M. Pomel, en leur attribuant une origine continentale, car ils sont évidemment descendus des escarpements des
montagnes, entraînés par les torrents et les eaux pluviales

à une époque où un climat presque diluvien précipitait sur
ces contrées de grandes masses de liquide. Mais il ressort du
plus superficiel examen des lieux que cette immense nappe
de matériaux de transport n'a pu s'étendre et se niveler
comme nous la voyons aujourd'hui que sous les flots d'un lac
ou d'un vaste marécage qui recouvrait la plaine et dont les
torrents qui servaient de véhicules à ces alluvions entrete-
naient le niveau par des apports constants. C'était une petite
mer intérieure au fond de laquelle se déposait une formation
analogue à celle de notre Crau provençale. Et, en effet, malgré
la sécheresse extraordinaire du climat actuel de ces régions,
le centre de la plaine de Damas, son point le plus bas, est encore
occupé par de grands marécages, derniers restes de la lagune
d'autrefois, dans lesquels s'achève sous des proportions naturellement minuscules, la même formation alluviale « d'origine
continentale » avec des coquilles terrestres qui en habitent
les rivages et les parties émergées ou qui y sont entraînées
par les cours d'eau. Mais si l'on place sur le seuil de Gabès une
formation semblable, il faut admettre, de toute nécessité, que
ce seuil se trouvait de même recouvert d'une couche d'eau
continue, et cette couche d'eau sera la Méditerranée, c'est-à-
dire le détroit qui formait l'entrée de la mer Saharienne.

Quant aux silex taillés qui se trouvent sur la côte et attes-
teraient la haute antiquité de sa formation, il faut savoir que
ces monuments se rencontrent en grand nombre sur différents
points du désert. M. Bellucci, de Pérouse, qui accompagnait
l'expédition italienne, m'a dit qu'il en avait ramassé dans ces
parages des quantités considérables. M. Largeau en a recueilli également des monceaux près d'Ouargla dans l'Oued-
Rihr et l'Oued-Miyà, et j'en ai rapporté moi-même au musée
de Lyon (1). Ce sont des couteaux, des grattoirs, des percu-

(1) V. Largeau, *Ouargla et le pays de Rirha*, p. 185, 284, 333. — E. Pélagaud, *La Préhistoire en Algérie*, p. 19.

teurs, des pointes de flèche admirablement taillées et faites
d'une espèce de jaspe ou quartzite saccharoïde blanc, parfois
veiné de gris. Mais ces silex ne se trouvent pas en traînée
ininterrompue sur toute la longueur du seuil et ils peuvent
fort bien avoir été précisément déposés sur les bords de
l'ancien exutoire de la mer Saharienne, voire même jetés
dans ses flots et mêlés à ses alluvions. D'ailleurs, nous ne
savons rien sur leur âge. D'après leur état de conservation,
on ne les jugerait pas très anciens. M. Largeau a trouvé avec
eux une hache de « fer bronzé » (1) et il ne faut pas oublier
qu'à l'époque d'Hérodote, les Arabes se servaient encore d'un
couteau de silex pour se faire une incision au pouce, lorsqu'ils avaient à ratifier une convention (2), ni que les Éthiopiens de l'armée de Xercès, lesquels ne devaient pas pro-
venir de contrées bien éloignées des rivages de la grande
Syrte, terminaient leurs flèches par des points de silex, leurs
lances par des cornes de gazelle et se servaient d'outils de
pierre pour graver leurs sceaux (3).

XII. — Au surplus, où prétend aboutir l'argumentation
des adversaires de la mer Saharienne? A démontrer que le
désert n'a jamais été recouvert d'eau salée? Il n'y faut plus
guère songer, après la publication des observations de
MM. Desor et Martins. D'ailleurs, M. Pomel lui-même recon
naissait déjà en 1872 (4) que, dans l'hypothèse la plus favorable à son système, les Chotts « auraient simplement
constitué une petite mer morte se salant de plus en plus à
mesure qu'elle se desséchait ». A quoi se résume donc le
problème, dégagé de toutes les questions incidentes dont
l'on l'a, comme à plaisir, entouré? Uniquement à savoir si

cette mer intérieure communiquait, aux premiers siècles de
l'empire romain, avec le golfe de Gabès, c'est-à-dire à déterminer l'âge du seuil de Gabès.

Nous examinerons plus loin les renseignements que nous
ont laissés sur cette question les géographes anciens, et il
nous suffira d'avoir constaté, pour clore la partie géologique
de cette étude, que sur quatre explorateurs qui ont examiné
le seuil de Gabès, deux, MM. Roudaire et Tissot (1), croient
à la date relativement récente de sa formation. Des deux
autres, le premier, M. Fuchs, y a vu une chaîne rocheuse de
grès et de calcaires compactes qu'il attribue, sans preuves
bien précises, à la période éocène, chaîne traversée par deux
grandes coupures voisines où l'on pourrait facilement voir
les estuaires du lac Triton et l'île d'Hérodote, Scylax, etc. L'autre, M. Pomel, n'y a constaté que des alluvions continentales,
formées d'argiles et de gypse.

On n'a donc là que des observations contradictoires, sans
précision suffisante, mais qu'il est peut-être possible de con-
cilier en faisant remarquer que les trois différentes désigna-
tions des explorateurs doivent s'appliquer à des localités diverses, bien que voisines. M. Roudaire, qui a nivelé pas à pas
et avec un grand soin les deux principales coupures du seuil
de Gabès, l'oued Akarit et l'oued Mélah, n'a vu, sur les berges de ce dernier qui forme le prolongement direct du chott
el-Djérid, berges profondes parfois de 7 et 8 mètres, que
des alluvions sablonneuses avec de petits lits de macignos en
voie de formation à la base et épais seulement de 1 à
3 centimètres. A cet endroit, la largeur du seuil n'est plus
que de 22,500 mètres ainsi divisés : à partir de la mer, un

<hr>

(1) Ch. Tissot, *Notice sur le chott el-Djérid*, *Bull. Soc. géog. de Paris*, juillet 1879 :
« Il suffit d'avoir vu le chott el-Djérid pour y reconnaître une ancienne lagune, séparée du
golfe de Gabès avec lequel elle communiquait autrefois, par un isthme de formation relativement récente créé, selon toute apparence, par un de ces soulèvements si fréquents sur la côte
septentrionale d'Afrique. »

appareil littoral assez peu élevé pour qu'à 2 kilomètres à l'intérieur le niveau de l'oued Mélah ne soit encore qu'à un mètre d'altitude. A 10,500 mètres du rivage, une première chaîne de dunes qui culmine à l'altitude de 28 m. 45; puis un petit plateau de 6,900 mètres de large, au milieu duquel se trouve un petit chott, le chott Hameimet; ensuite une seconde chaîne de dunes, dont le sommet forme à 46 m. 36, le faîte du seuil au delà duquel le terrain descend pendant 5 kilomètres, jusqu'au chott el-Djérid.

Au nord, dans l'oued Akarit, dont le point culminant est à 54 m. 40, comme au sud, entre Gabès et Oudref, M. Roudaire a rencontré quelques bancs de roches dures, ici des grès et des calcaires, là des calcaires seulement (1). Ce sont sans doute ces calcaires que M. Pomel aura étudiés immédiatement à l'ouest de Gabès et non les sables de l'oued Mélah, situé à huit minutes de degré plus au nord. Le gypse produit soit par des dépôts marins, soit par des sources qui jaillissent notamment à El Hammah (*Aquæ Tacapitanæ*), à la température de 50 degrés, est si répandu dans cette contrée que notre vice consul à Gabès, M. Chevarrier, dit que le sol de la plaine située au delà d'El Hammah, est « blanc comme plâtre » (2).

Quant à M. Fuschs, d'après les courtes indications orographiques qu'il donne sur la partie du seuil examinée par lui, ses grès ferrugineux et quartzeux reposant sur des calcaires compactes sont : au sud, les couches reconnues par M. Roudaire entre Gabès et Oudref; au nord, la lèvre septentrionale de l'oued Akarit, c'est-à-dire la chaîne du Djébel Haddifa qui, partant du bord de la mer, court à l'ouest et forme, sur 60 ou 80 kilomètres, la limite nord des grandes plaines occupées par le chott el-Djérid (3). Cette chaîne se compose de

(1) Roudaire, *Mission des Chotts*, p. 202 et suiv.
(2) Chevarrier, *Archiv. des Missions*, 3ᵉ série, t. V, p. 234.
(3) Chevarrier, *Archiv. des Missions*, 3ᵉ série. t. V, p. 234.

montagnes rocheuses dénudées de grès d'une coloration
rougeâtre âpre et intense. « Elles forment, dit M. Tissot (6),
la lèvre supérieure de cette « bouche » gigantesque par laquelle les eaux de la Sebka communiquaient autrefois avec
le golfe de Gabès. »

XIII. — Malgré cette concordance possible des observations
rapportées par les différents explorateurs, la constitution
géologique du seuil de Gabès était trop imparfaitement connue
pour que l'on pût dresser un projet de canal à travers ces
terrains. Aussi la Chambre des députés, saisie de cette question par un brillant rapport de M. Perrin, vota-t-elle, le 13
février 1878, le crédit nécessaire pour l'étude définitive et
complète de l'isthme qui sépare la Méditerranée du bassin
des chotts.

Cette étude fut naturellement confiée à M. Roudaire, qui
s'adjoignit M. Baronnet pour vérifier les premiers nivellements, M. André, médecin et naturaliste, MM. Dufour et
Segou pour exécuter des sondages et un personnel auxiliaire.
Les travaux ont duré du 27 novembre 1878 au 18 mai 1879.
Le détail n'en est encore connu que par un rapport sommaire
présenté par M. de Lesseps à l'Accadémie des sciences,
dans sa séance du 30 juin 1879, rapport à propos duquel
M. H. Duveyrier a bien voulu me donner quelques indications
complémentaires. Je me bornerai à en présenter ici un bref
résumé, car les faits enregistrés sont assez positifs, assez concluants pour trancher définitivement la question, sans qu'il
soit besoin d'aucun développement.

Les travaux de nivellement ont confirmé de tous points
les cotes de la précédente mission. Ils ont été assez détaillés
pour permettre de dresser un plan de l'isthme par courbes
équidistantes de cinquante centimètres.

(6) Tissot, *Notice sur le chott el-Djérib. Bull. Soc. géogr. de Paris*, juillet 1879, p. 6.

Les sondages ont été poussés jusqu'à 10 mètres au-dessous du niveau de la mer. Ils sont au nombre de vingt-deux, savoir : dix sur le seuil de Gabès ; un sur le seuil de Kriz, langue de terre qui sépare, vers la frontière de l'Algérie, le chott el-Djérid du chott Rharsa ; onze dans le chott el-Djérid. Ils n'ont traversé que des sables, des marnes argileuses, des vases liquides, sauf au sommet du seuil de Gabès, où l'on a rencontré, à 38 mètres de profondeur, c'est-à-dire à 8 mètres au-dessus du niveau de la mer, quelques bancs de calcaire circonscrits et dont on a pu déterminer l'étendue.

La mission a rapporté plus de cinq cents échantillons de géologie qu'on pourra étudier à loisir et qui permettront sans doute de fixer d'une manière définitive l'âge des terrains environnant le seuil.

XIV. — Il est donc aujourd'hui démontré que des matériaux meubles et incohérents séparent seuls la Méditerranée du bassin des chotts. Ces matériaux, on peut affirmer presque avec une entière certitude, même en l'absence de toute preuve paléontologique, que ce sont des dépôts quaternaires récents, car, d'après les nivellements exécutés par la mission, le faîte du seuil de Gabès n'est élevé que de 46 mètres, nous l'avons vu, au-dessus du niveau moyen de la Méditerranée, tandis que dans le Souf, le puits de Buchana, où M. Desor et ses compagnons ont recueilli les fossiles qui démontrent l'origine marine récente de cette partie du Sahara, se trouve à plus de 100 mètres d'altitude (1). On doit donc regarder comme probable que, lorsque les terrains du Souf se déposaient sous les flots de la mer Saharienne, le seuil de Gabès était recouvert d'au moins 60 mètres d'eau (2). Par conséquent, toute

(1) D'après les nivellements de M. Roudaire, l'altitude d'el Oued n'est que de 77 m. 14 et celle du puits de Buchana qui n'a pas été mesurée devrait être un peu moindre. (Voir la carte jointe à la *Mission des chotts*).

(2) A moins que l'on ne prétende que Gabès s'enfonçait tandis que le Souf s'exondait, supposition étrange, que rien n'autoriserait, au contraire, puisque tout le monde admet, pour cette partie de la côte, un soulèvement récent d'au moins 15 mètres.

la question se réduit à déterminer l'époque à laquelle le niveau
général du Sahara oriental s'est trouvé soulevé à une hauteur
suffisante pour que le seuil de Gabès fût exondé et pût se
recouvrir d'alluvions. Or, comme tous ces faits appartiennent
géologiquement à la période contemporaine, cette détermination ne peut se faire d'une manière absolument précise
que par des témoignages de personnes qui auraient assisté à
ce phénomène. C'est à réunir et à discuter ces témoignages
que sera consacrée la seconde partie de cette étude.

Mais avant de procéder à l'examen des rares textes de géographie ancienne qui nous soient parvenus sur cette question, il ne sera pas inutile de résumer en quelques mots les
renseignements que les autres sciences physiques et naturelles peuvent fournir à l'appui des faits géologiques ci-
dessus développés.

Dans son grand ouvrage sur la malacologie de l'Algérie,
M. Bourguignat a décrit avec le plus grand soin toutes les
espèces de mollusques actuellement connues dans le massif
de l'Atlas, leur habitat et les relations de cette faune spéciale
et fort peu voyageuse de sa nature, avec celle des contrées
voisines. D'après les résultats de ce grand et minutieux in-
ventaire, les considérations géologiques ci-dessus dévelop-
pées se trouvent pleinement confirmées. Au point de vue
malacologique, l'Algérie a formé au commencement de la
période contemporaine ou pour mieux dire à l'époque où elle
a reçu sa population malacologique, une grande presqu'île
reliée à l'Europe par l'Espagne et complètement isolée de toute
autre contrée, sauf peut-être transitoirement de la Sicile.
Le massif de l'Atlas ne présente en effet que sept espèces
de mollusques communes avec Madère et, sur ce nombre,
six sont cosmopolites ; il en possède neuf qui se trouvent dans
l'archipel des Canaries, mais sept d'entre elles sont cosmopolites et les deux autres appartiennent à l'Espagne ; soixante-

deux enfin lui sont communes avec la Sicile, mais il en faut
déduire cinquante-sept qui sont cosmopolites. Toutes les autres, au nombre de plus de cent cinquante, appartiennent
à l'Espagne.

Quant à l'habitat de ces espèces, une zone de mollusques
littoraux entoure d'une ceinture continue tout le pied de l'Atlas, aussi bien au nord, sur les rivages de la Méditerranée,
qu'au sud, au bord du Sahara. Ce dernier ne possède pas
de faune spéciale et les pentes, les vallées, les plateaux de
de l'Atlas sont peuplés d'espèces continentales.

« Il résulte donc de tous ces faits, dit M. Bourguignat (1),
ces vérités mathématiques :

« 1° Qu'au commencement de la période actuelle, le nord
de l'Afrique était une presqu'île dépendante de l'Espagne ;

« 2° Qu'à cette époque le détroit de Gibraltar n'existait pas ;

« 2° Que la Méditerranée communiquait à l'Océan par le
Sahara qui était alors une vaste mer. »

Conformément à ces données, M. Bourguignat a dressé
deux très curieuses cartes du massif atlantique (2), repré-
sentant l'une l'orographie de la contrée à l'époque de la mer
Saharienne, avec la longue péninsule du Mzab — que M. Pomel a prise pour une haute barrière rocheuse divisant jusqu'au bassin du Niger le Sahara en deux parties, — projetée
au sud dans la direction d'el Goléah au moins jusqu'à Met-
lili; l'autre indiquant la répartition des espèces de mollusques, continentales au centre de l'Atlas, littorales tout autour et enfin dans le Sahara, sur 1,200 lieues de longueur
est-ouest et 400 à 500 de largeur nord-sud, quelques espèces accidentelles, comme il convient à une surface
récemment exondée qui n'a pas encore eu le temps de se
peupler.

<hr>

(1) Bourguignat, *Malacologie de l'Algérie*, t. II, p. 372.
(2) Id. Ouvrage cité, t. II, p. 326-372.

XV. — A cela, M. Pomel a objecté (1) que si le Sahara
n'avait pas de faune spéciale, ce n'était point qu'il n'eût pas
encore eu le temps de se peupler, mais que les conditions
climatériques ne permettaient pas aux mollusques de s'y développer ; que si l'on trouvait au pied méridional de l'Atlas une
faune littorale, c'est que cette zone était abondamment
pourvue d'eau salée dont l'action sur la végétation attirait les
mollusques halophiles aussi bien que pourrait le faire le rivage
de la mer, représentée ici par le désert que sa sécheresse rend
aussi impénétrable à ces animaux que les flots proprement
dits.

Pour répondre à ces objections sans entamer une discussion
malacologique dans laquelle nous ne pouvons pas entrer, il
suffira de faire remarquer d'abord que le Sahara n'est pas si
inhabitable qu'on veut bien le dire ; qu'il possède en effet un
certain nombre d'espèces accidentelles qui y ont été importées
et qui y vivent fort bien, mais qu'il est dépourvu d'une faune
spéciale, d'une population proprement dite. Quant aux espèces
maritimes, pour lesquelles le désert salé jouerait le rôle d'un
rivage marin, elles se propageraient aussi bien sur les plateaux intérieurs de l'Atlas où les sebkhas et les lacs salés
abondent, s'il leur suffisait de la présence du sel et de la végétation halophile pour se développer. Leur absence dans ces
régions où la faune est, au contraire, continentale, suffit à
démontrer que la faune littorale qui entoure le massif atlantique est bien la trace du rivage d'une ancienne mer aujour-
d'hui desséchée.

De même que la variété et le bouleversement des couches
géologiques rattache l'Atlas à l'Europe et le distingue nettement du reste de l'Afrique, de même les plus étroits rapports
unissent-ils la végétation de cette contrée avec celle des

____

(1) Pomel, *Le Sahara*, p. 94. Cf. Tournouër, *Coquille des chotts*, Congr. de Paris, 1878,
p. 620, en note.

péninsules méditerranéennes qui l'avoisinent, tandis que la flore du reste de l'Afrique forme un groupe complètement différent. C'est un fait bien connu de tous ceux qui ont navigué sur les côtes de la Méditerranée que les rivages d'Algérie, d'Espagne, de Provence, de Grèce et d'Italie présentent une très grande ressemblance d'aspect au point de vue végétal. Il serait difficile à un voyageur, transporté brusquement sur un point quelconque de ces côtes, de reconnaître la région dans laquelle il se trouve par le seul examen des cultures, à moins que ce ne fût un botaniste de profession. Dès que l'on traverse les Syrtes, au contraire, l'aspect change. On sent qu'on aborde un continent nouveau.

Ces indications sommaires, mais concordant toutes à prouver l'existence de la mer Saharienne à une époque relativement récente, doivent suffire pour aborder fructueusement l'étude des textes anciens relatifs à cette question. Sans doute le premier exondement du Sahara central a commencé à une époque trop reculée pour que l'histoire en ait gardé le souvenir, et l'étude géologique seule des contrées encore inconnues qui s'étendent au sud du Maroc pourra mettre hors de doute tous les points obscurs de ce problème. Mais si les origines de ce phénomène échappent aux souvenirs de notre race, sa dernière partie est assez récente pour que les traditions de plus en plus précises nous montrent les phases successives du dessèchement qui s'achève aujourd'hui sous nos yeux.

II

ARCHÉOLOGIE

I. — Jusqu'à ces dernières années où les projets de M. Roudaire pour le percement de l'isthme de Gabès soulevèrent les critiques que nous avons discutées dans la première partie

de cette étude, l'existence du lac Triton sur l'emplacement
des chotts sahariens était admise sans contestation par les
géographes qui décrivaient cette partie de l'Afrique. On
trouve une vaste étendue d'eau figurée avec plus ou moins de
soins sous le nom de lac, golfe ou marais Triton, au sud de
l'Aurès dans la plupart des cartes de l'Afrique ancienne (1),
dans celles de la collection Gosselin, comme dans celles que
M. Müller a dressées pour l'interprétation de ses *Petits
géographes grecs* et dans celles que M. Vivien de Saint-Martin
a publiées à la suite de son bel ouvrage sur le nord de l'Afrique dans l'antiquité. Naturellement les contours de ce lac
étaient délimités d'une façon plus ou moins hypothétique,
mais tous les cartographes s'accordaient à lui donner une
forme allongée de l'ouest à l'est, à le faire déboucher dans la
Méditerranée, juste au fond de la petite Syrte ou golfe de
Gabès par un étroit canal auquel ils donnaient le nom de
fleuve Triton et à l'alimenter à l'ouest par un cours d'eau
assez important.

Les premiers explorateurs du Sahara oriental cherchèrent
naturellement à retrouver sur le terrain ce lac des anciennes
cartes. Aucun d'eux n'hésita à l'identifier avec le bassin desséché des chotts. Sir Grenville Temple, MM. Guérin et Duveyrier, crurent reconnaître dans la presqu'île de Nifzâoua,
plateau qui s'avance au sud-est dans le chott Melrhir, l'île
que les anciens géographes indiquaient au point de jonction
du lac et de la mer sous le nom d'île Phla dans Hérodote
et d'île Triton dans le périple de Scylax. Quant au fleuve
Triton, qui alimentait le lac, d'après Diodore de Sicile,
Pline, Méla, etc. MM. Shaw, Duveyrier et Vivien de Saint-
Martin (2) l'ont identifié avec l'Oued Djeddi qui prend sa

(1) Virlet d'Aoust, *Compt. rend. Acad. scienc.*, 1874, p. 218. — Didot-Müller, *Geographi
græci minores*. Vivien de Saint-Martin, *le Nord de l'Afrique dans l'antiquité*. Paris, imp.
1863.
(2) Vivien de Saint-Martin, ouvr. cité, p. 437.

source au delà de Larhouat, dans le Djébel-Amour et va se perdre à l'extrémité occidentale du chott Melrhir.

Tout le monde était donc d'accord pour reconnaître, au fond de la petite Syrte, le lit desséché d'un ancien golfe nommé lac Triton par les anciens, et l'on pourrait dresser une interminable liste des travaux d'archéologie, d'histoire, de géographie et de cartographie qui admettent sans discussion et comme positive cette assimilation. Sans doute les divers textes qui mentionnent ce bras de mer n'ont pas toute la précision de nos déterminations géographiques modernes. A les serrer de bien près, on trouve quelques incertitudes, quelques contradictions dans la position qu'ils lui assignent; mais les personnes habituées à l'exégèse des anciens manuscrits savent quelle part il faut faire aux erreurs des copistes, surtout en des matières aussi minutieuses et aussi arides que les nomenclatures géographiques; de plus, dans toute l'antiquité, l'absence d'instruments de précision et la lenteur de la navigation réduite à un timide cabotage laissaient un très grand vague dans les descriptions topographiques; et les difficultés que présente la restitution de la géographie ancienne, même dans les contrées les plus fréquentées et les mieux connues, comme les côtes de Provence, par exemple, difficultés récemment mises en lumière par les brillants travaux de MM. Desjardins et Lenthéric (1), montrent avec quelle sagacité et quelle largeur de vues doivent être traitées ces questions.

II. — Or on a essayé, il y a quelques années, de discuter les textes relatifs au lac Triton avec les méthodes rigoureuses des sciences exactes. Des esprits distingués, mais étrangers aux études d'histoire et d'archéologie, ont appliqué aux témoi-

____

(1) E. Desjardins, *Géographie de la Gaule romaine.* — Ch. Lenthéric, *Les villes mortes du golfe du Lion.* — *La Grèce et l'Orient en Provence.* — *La Provence maritime.*

gnages des anciens géographes les procédés d'examen qu'il
est légitime d'employer pour l'étude des problèmes d'histoire
naturelle. Il en est naturellement résulté que tout s'est
obscurci et que M. Pomel a pu dire : « Les documents sur
lesquels on se fonde (pour assimiler les chotts sahariens au
lac Triton des anciens et pour établir leur occlusion définitive
vers le commencement de l'ère chrétienne), les documents
sur lesquels on se fonde n'ont aucune signification historique
ou géographique et ne constituent que des mythes dont les
lieux et le théâtre se déplacent ou se transforment à mesure
que les connaissances nouvelles en démontrent la fausse
application (1).

Traiter de mythiques les descriptions ethnographiques et
topographiques de dix géographes anciens, corroborées par
l'interprétation unanime de tous les commentateurs et cartographes, c'est aller un peu vite en besogne, à moins d'une
véritable découverte qui vienne jeter une lumière éclatante
sur une obscure question ou redresser une erreur consacrée
par une longue routine. Mais il ne parait pas que M. Pomel et
les partisans de son système, malgré la logique et la précision
remarquable de leur argumentation, aient rien apporté de
nouveau dans l'étude des textes relatifs au lac Triton. Ils les
ont analysés sans succès, parce qu'ils se sont servis d'une
méthode fausse, comme un minéralogiste qui voudrait découvrir et déterminer au chalumeau les gaz contenus dans une
roche. Ces textes, nous allons les reprendre l'un après l'autre,
en suivant l'ordre chronologique, et nous les ferons passer au
crible des méthodes critiques universellement admises pour
l'exégèse des textes anciens. Nous verrons alors que, loin de
nous trouver en présence d'une ombre, d'un mythe fuyant et

____

(1) Pomel, *La mer intérieure d'Algérie et le seuil de Gabès*, Revue scient., 10 nov. 1877,
p. 436.

insaisissable, le lac Triton deviendra une réalité de plus en plus précise, de mieux en mieux déterminée.

Mais il convient d'écarter d'abord une objection préliminaire indiquée par M. Pomel et plus nettement formulée par quelques personnes étrangères aux études de géographie historique qui se sont imaginé que les anciens ignoraient l'existence du désert ou Sahara proprement dit et que leur connaissance de l'Afrique se bornait à une étroite bande le long du littoral, tout l'intérieur du continent restant enveloppé pour eux d'une obscurité fabuleuse éminemment favorable aux contes et aux légendes mythologiques.

III. — On s'est plu, à diverses reprises, à exagérer beaucoup l'ignorance et la crédulité géographiques des anciens. Il est certain que le rayon de leurs connaissances était borné et que leurs ouvrages sont souvent obscurcis soit par des erreurs de chiffres dues aux copistes, soit par la variété de leurs méthodes de mensuration et la divergence des documents qui leur servaient de base. Il en résulte que si l'on applique à l'interprétation et à la réduction en mesures modernes de leurs données géographiques une formule uniforme, on aboutit à des erreurs, à des impossibilités. On prend alors en mépris et l'on rejette en bloc comme fabuleux et mensongers tous leurs immenses travaux géographiques dont une exégèse plus soigneuse, plus délicate, plus complète et plus perspicace aurait au contraire démontré l'exactitude et la fidélité. Ainsi, pour ne citer qu'un exemple, la description et la topographie des côtes minutieusement enregistrées par les périples, les stadiasmes et les itinéraires ne sauraient se raccorder, malgré leur extrême précision, avec les routes de l'intérieur si l'on n'interprète pas les unes et les autres par les différentes méthodes qui ont servi à les établir, c'est-à-dire pour les côtes, le système des portulans où les détails et les lignes sont d'autant plus développés que les difficultés de la navigation sont plus grandes et, pour l'intérieur, l'estime, — le nombre d'heures de marche fournissant des mesures iné- gales, trop courtes lorsque la route était facile, trop longues lorsque le terrain devenait accidenté. Les anciens, d'ailleurs, privés d'instruments de précision, recherchaient moins la topographie réelle, spéculative, en quelque sorte, la seule à laquelle nous nous attachions aujourd'hui, qu'une sorte de chorographie pratique, indiquant la nature des pays au point de vue des voyages, des difficultés de la route et chiffrant les distances par le temps nécessaire pour les franchir.

Si l'on se reporte à ces époques reculées où les explorateurs n'avaient à leur disposition aucun des instruments d'astrono- mie, de géodésie, voire d'horlogerie auxquels nous sommes redevables du peu que nous savons aujourd'hui, on recon- naîtra que la méthode employée par eux était la seule qui pût donner d'utiles résultats. Et lorsqu'on étudie avec assez de soin pour les comprendre, les travaux qu'ils ont laissés, on est émerveillé de l'exactitude et de l'étendue des notions qu'ils avaient acquises, malgré la défectuosité de leurs moyens d'investigation. Il est certain qu'ils avaient des renseignements beaucoup plus complets que les nôtres sur l'intérieur du con- tinent asiatique. On ne referait pas aujourd'hui l'expédition d'Alexandre. En étudiant les tables de Ptolémée, M. Berlioux a découvert une description topographique ethnographique très exacte de la Cochinchine et de Bornéo (1); pour l'Afrique le même géographe lui a permis de reconstituer minutieuse- ment une route qui, traversant des contrées encore incon- nues, allait de Zanzibar au Sénégal, à travers toute l'épaisseur du continent (2). A diverses reprises, les légions romaines

---

(1) E. F. Berlioux, *La première école de géographie astronomique et la prochaine dé- couverte du pays des Garamantes.* Lyon scientifique, novembre 1879, II, p. 271.

(2) Id., *Doctrina Ptolemœi, ab injuria recentiorum vindicata.*

avaient parcouru le Sahara et soumis des régions que nos armes n'ont pas revues depuis dix-huit siècles. Ce sont les géographes grecs qui les premiers ont ingénieusement comparé le grand désert libyque à une peau de panthère dont les sables représentaient le fond jaunâtre et les oasis les taches plus sombres (1). Cette région « aride et brûlante » qui s'étendait depuis Thèbes d'Égypte jusqu'aux colonnes d'Hercule (2), et que bornaient au sud les deux grandes branches de la fameuse race éthiopienne, les orientaux et les occidentaux (3), trois expéditions romaines avaient osé la parcourir ; la première, conduite par Cornélius Balbus, un Espagnol de Cadix, dont le théâtre d'Herculanum nous a conservé la statue ainsi que celles de toute sa famille, s'enfonça au sud des Syrtes en l'an de Rome 734, A. C. 19 (4), et conquit la Phazanie (le Fezzan) qu'on a faussement confondue avec le pays des Garamantes (5), puis la contrée à l'ouest, Cydamus (Rhadamès)(6), et enfin tout le pays des Garamantes, au sud (7). Cette brillante conquête valut à Balbus, bien qu'étranger, les honneurs du triomphe ; elle procura aux Romains des notions précises sur les déserts situés au sud de la petite Syrte (8), sur les habitants des oasis entourés de sables, à douze jours de marche à l'ouest de la grande Syrte, qui bâtissent leurs maisons avec des quartiers de sel (gypse cristallisé) (9) et creusent des puits de deux coudées de profondeur où affluent les eaux de la Mauritanie de (*l'Atlas*) (10). Le Fezzan fut définitivement con-

(1) Dionysus Periegetes, V. 181. — Priscien, *Orb. desc.*, V. 181.
(2) Hérod., IV, 181.
(3) Homère, *Od.* I, v. 8-24. — Plin, *Hist. nat.*, V. 8.
(4) Fastes Capitolins. — Plin , *Hist. nat.*, V, 5. — Virg., *Æneid.*, VI, 794. — Cf. Florus; IV, 12.
(5) Vivien de Saint-Martin, *Le nord de l'Afrique dans l'antiquité*, p, 114.
(6) Vivien de Saint-Martin, *ouvr. cit.*, p. 116. — D'Anville, *Acad. des Inscr.*, XXVI, p. 76.
(7) Plin., *Hist. nat.*, V, 5.
(8) Plin., *loc. cit.*, solitudines Africæ, supra minorem Syrtin dictas.
(9) Id. *Ibid.* Cf. Herod·, IV, 185. — Ch. Martins, *Du Spitzberg au Sahara*, p. 562.
(10) Plin., *loc. cit.*, Hommanientes duodecim dierum itinere a syrtibus majoribus ad occidentem et ipsi quaquaversus arenis circumdati ; puteos tamen haud difficiles binum ferme cubi

quis (1) mais la domination romaine ne resta pas assise sur les Garamantes, à cause des difficultés du chemin dont les rôdeurs nomades comblaient les puits, faciles à recreuser d'ailleurs lorsqu'on connaît les lieux (2). Sous Vespasien, une nouvelle expédition fut envoyée contre les Garamantes pour réprimer leurs continuelles incursions et prit une route appelée « par la tête du rocher », plus courte de quatre jours que celle de Balbus (3).

Dès les premières années de l'empire, les Romains avaient donc traversé le Sahara oriental et s'étaient avancés, au sud des Syrtes, jusqu'à une région que nous ne connaissons pas encore (4). Quelques années plus tard, nous allons les voir franchir l'Atlas par ses cols les plus élevés et promener leurs armes victorieuses dans le Sahara occidental.

IV. — Au commencement du règne de Claude, c'est-à-dire vers l'an 42, le préteur Suétonius Paulinus porta le premier (5) les enseignes romaines au delà de cette haute montagne que les Grecs n'osaient considérer sans une religieuse terreur. Parti d'un point indéterminé de la Mauritanie, Suétonius Paulinus parvint en dix jours de marche au sommet de l'Atlas, à travers d'épaisses forêts d'arbres inconnus dont le

torum inveniunt altitudine, ibi restaguantibus Mauritaniæ aquis. Domos sale montibus suis exciso, seu lapide construunt.

(1) Des ruines romaines nombreuses ont été signalées dans le Fezzan ainsi que diverses inscriptions et des bornes miliaires. — Barth, *Travels and Discoveries in North and central Africa*, vol. I, p. 113-130-156. — Lyon, *Travels in Nothern Africa*, p. 66. — Berlioux, ouvr. cité (en note sur la carte géograph.)

(2) Plin., *loc. cit.* Ad Garamantas iter inexplicabile adhuc fuit, latronibus gentis ejus puteos qui non sunt alte fodiendi, si locorum notitia adsit, arenis operientibus.

(3) Plin., *loc. cit.* — Tacit., *Hist.*, IV, 50.

(4) Vivien de Saint-Martin (ouvr. cité, p. 118) place Garama, le point extrême atteint par l'expédition de Cornélius Balbus, au centre du Fezzan, sans oser l'assimiler avec aucune ville actuellement connue. M. Berlioux (ouvr. cité) l'identifie avec Araba par 21 degrés de latitude nord. Le texte de Pline oblige en effet à reporter cette ville beaucoup plus au sud que le Fervian, car il dit formellement qu'on ne pouvait pas pénétrer chez les Garamantes, et Barth a trouvé des bornes miliaires et des ruines romaines jusqu'à Djerma, l'ancienne capitale du Fezzan, par 26° 25' de latitude nord (*Travels*, vol. I, p. 156).

(5) Solin, xxiv, dit : « le premier et presque le seul », primus et pæne solus.

tronc énorme et lisse et le feuillage rappelant celui du cyprès émettait une forte odeur (1). Il s'agit évidemment là des grands massifs de cèdres que les Romains rencontraient pour la première fois en Mauritanie, et dont les montagnes de Ténict-el-Had gardent encore quelques derniers bouquets. Le sommet de la chaîne était couvert de neiges permanentes, même en été. Au delà, le préteur traversa, nous ignorons durant combien de jours de marche, des solitudes recouvertes tantôt de sable noirâtre, tantôt d'escarpements rocheux et comme brûlés. Il put se convaincre par sa propre expérience que la chaleur rendait ces lieux inhabitables, même en hiver (2). Les Romains parvinrent enfin sur les bords d'un fleuve nommé Ger. Les fourrés du voisinage étaient remplis d'éléphants, de bêtes fauves et de serpents de toute espèce; ils servaient d'habitation aux Canariens, peuplade sauvage et dégradé. Une nation éthiopienne, les Pérorses, occupait le territoire limitrophe (3).

Jusqu'où s'avança Suétonius Paulinus dans cette expédition? Pline qui nous a conservé un bref résumé des mémoires du préteur, dit « l'espace de quelques milles » (4), et il paraît assez difficile de le déterminer exactement aujourd'hui. D'Anville et M. Vivien de Saint-Martin (5), rapprochant le Ger des Romains du Ghir de Léon l'Africain et d'Ibn Kaldoun (6), identifient ce fleuve avec l'Oued-Guir des hauts plateaux

(1) Plin., v, 1. — Imas radices densis altisque repletas sylvis, incognito genere arborum, proceritatem spectabilem esse enodi nitore, frondes cupressis similes, præterque gravitatem odoris, tenui eas obduci lanugine.

(2) Plin., *Ibid.* Per solitudines nigri pulveris, eminentibus interdum velut exustis cautibus: loca inhabitabilia fervere, quamquam hiberno tempore, expertum.

(3) Plin., *Ibid.* Ad fluvium qui Ger vocaretur... qui proximos inhabitent saltus, refertos elephantorum, ferarumque, et serpentium omni genere, Canarios appellari... Junctam Æthiopum gentem quos Perorsos vocant, satis constat.

(4) Plin., *Hist. nat.*, V, 1. Aliquot millium spatio.

(5) d'Anville, Mém. de l'Acad. des Inscr., t. XXVI, p. 81, 1743. — Vivien de Saint-Martin, *ouvr. cit.*, p. 107.

(6) Léon l'Africain, dans Ramusio. vol. 1, p. 90. — Ibn Khaldoun, *Hist. des Berbers*, t. I, p. 195.

marocains qui prend sa source à l'opposite de la Molouïa, et,
coulant au sud-sud-est, se perd dans les sables en arrivant
au Sahara.

Cette détermination, qui se rattache à tout un système
tendant à battre en brèche l'exactitude des tables de Ptolémée, soulève d'assez graves difficultés.

V. — Il est peu probable, d'abord, que Suétonius Paulinus
ait compté, à partir d'un port de la Mauritanie Césarienne,
les dix journées de marche nécessaires pour atteindre le sommet de l'Atlas. C'est, en effet, pendant la conquête de la
Tingitane (1) que fut faite cette expédition, et c'est de l'une
des villes de cette province qu'elle dut se mettre en route;
peut-être même faut-il compter les dix journées de marche,
en pays ennemi, qu'on ne l'oublie pas (2), à partir seulement
du pied de la montagne, ce qui semble plus rationnel, eu égard
à la longueur de la route à parcourir et aux difficultés de l'entreprise, que Pline regarde à peu près comme impossible (3).
Une fois l'Atlas franchi, le préteur s'engagea à travers des
déserts sablonneux et brûlants, même en hiver, après lesquels il atteignit un grand fleuve. Ce fleuve, il ne paraît pas
possible de l'identifier avec l'Oued-Guir, par la raison que ce
dernier prend sa source au sommet de l'Atlas, tandis que le
Ger en est séparé par de vastes solitudes, lesquelles ne sauraient se retrouver dans la région des hauts plateaux, cou-
verts ordinairement de neige en hiver, mais seulement en
plein Sahara, dans les contrées torrides dont l'altitude se rap-
proche du niveau de la mer. S'il s'agissait de l'Oued Guir

(1) Plin., *Hist. nat.*, V, 1. — Mauritaniæ, usque ad C. Cæsarem Germanici filium regna,
sævitia ejus in duas divisæ provincias. . Romana arma primum, Claudio principe, in Mauritania
bellavere; Ptolemæum regem a C. Cæsare interemptum, ulciscente liberto Ædemone, refugien-
tibusque barbaris, ventum constat ad montem Atlantem.

(2) Plin., *loc. cit.*, Decumis se eo pervenisse *castris.*

(3) Plin., *loc. cit.* Pervium (Atlantem) fama videri potest. Sed id plerumque fallacissimum
experimento deprehenditur.

Pline aurait dit que le préteur suivit son cours à partir du sommet de l'Atlas et non pas « qu'il parvint sur ses bords à travers des déserts de sable ». A cela il faut ajouter que des fourrés (1) entouraient ce fleuve, ce qui ne se rapporte guère à la maigre végétation des premières pentes sahariennes bien connue des anciens (2), et que ces fourrés servaient de repaire à des troupeaux d'éléphants et de grands fauves. Des peuplades éthiopiennes, c'est-à-dire des nègres, habitaient dans le voisinage et tous ces indices semblent nous repousser bien loin dans le sud, car il n'est pas certain, malgré le témoignage de Pline lui-même (3), que les éléphants aient pu trouver, dans les temps historiques, une végétation assez luxuriante et un climat assez chaud sur les versants de l'Atlas pour y vivre en liberté. D'innombrables légendes circulaient sur ces contrées lointaines (4), et l'esprit critique du grand naturaliste latin, qui démêlait fort bien ces mensonges, appelle l'Atlas la montagne la plus fabuleuse de l'Afrique (5).

Le seul fait positif que nous puissions retenir de l'expédition de Suétonius Paulinus, c'est que les Romains traversèrent l'Atlas lors de la conquête de la Mauritanie Tingitane et s'avancèrent assez loin sur ses pentes méridionales pour atteindre les sables brûlants du Sahara occidental. Nous allons d'ailleurs les voir s'enfoncer, quelques années plus tard, jusqu'à l'Équateur, au centre de l'Afrique et contourner ainsi tout le Sahara oriental dont ils avaient une exacte connaissance (6).

(1) Plin., *loc. cit.* Saltus.

(2) Plin., V 1. — E mediis Atlantem arenis in cœlum attolli prodiderunt, asperum, squalentem, qua vergat ad littora oceani, cui cognomen imposuit ; eumdem opacum nemorosumque et scatebris fontium riguum, qua spectet Africam.

(3) Plin., *loc. cit.*— Ipsa provincia (Tingitana) ab oriente montuosa, fert elephantos.

(4) Plin., *loc. cit.* — Minus profecto mirentur portentosa Graciæ mendacia, qui cogitent nostros nuper paulo minus monstrifica quædam de iisdem tradidisse.

(5) Plin., *loc. cit.* — Montem Africæ vel fabulosissimum Atlantem.

(6) Plin., V, 8. — Ab his omnibus (Æthiopis occidentalibus) vastæ solitudines orientem versus, usque Garamantes, Augylas et Troglodytas. — Cf. Hérod., II, 32. — Plin., V, 4, etc.

VI. — Dans les premières années du règne de Domitien (1),
deux expéditions furent successivement envoyées dans l'intérieur de l'Afrique, l'une sous la conduite de Septimius
Flaccus et l'autre de Julius Maternus. Nous ne savons malheureusement rien de détaillé sur elles, et la seule relation
qui nous en soit parvenue est une indication sommaire ex-
traite de l'ouvrage du géographe Marin de Tyr et insérée par
Ptolémée dans les prolégomènes de son grand ouvrage. Voici
ce passage. Marin disait (2) que « Septimius Flaccus qui, de
la Libye, avait fait une expédition contre les Éthiopiens, était
arrivé chez eux après trois mois de route vers le sud, à partir du pays des Garamantes », et que « Julius Maternus, parti
de Leptis Magna, entre les deux Syrtes, avait rejoint à Garama le roi des Garamantes et s'était dirigé avec lui contre les
Éthiopiens. Après quatre mois de marche ininterrompue vers
le sud, il était arrivé au pays d'Agisymba, où se trouvent
des rhinocéros ». Marin, fixant à trois cents stades la journée
de marche d'une armée et faisant abstraction de tout détour,
de tout arrêt, calculait que les cent vingt jours de route de
Julius Maternus avaient dû le conduire bien au delà de l'E-
quateur, entre les 24e et 50e degrés de latitude méridionale.

Ptolémée a vivement discuté ces conclusions de son pré-
décesseur ; se fondant sur certaines théories géographiques
chères à l'antiquité relativement au parallélisme qui devait
exister entre les zones situées au sud de l'Équateur et celles
du nord, il fait remarquer qu'Agisymba étant un royaume
éthiopien, ce pays ne saurait se trouver au sud du seizième
parallèle, puisque ce peuple ne s'avance pas, au nord, au delà
du parallèle correspondant qui passe à Méroé d'Égypte ; il
ajoute, en outre, que les Éthiopiens contre lesquels l'expé-

<hr>

(1) La cinquième année de son règne, soit en 86, d'après Zonaras, I, 19. — Euseb., *Chron.
ad olymp.* 216. — Cf. Fréret, *Observations gén. sur la géogr. ancienne*, p. 114.
(2) Ptolémée, *Géogr.*, I, 8.

dition de Maternus était dirigée, étant sujets du roi de Garama, on ne saurait les placer à une aussi prodigieuse distance de sa capitale. Il fixe donc la situation d'Agisymba à la limite australe de la zone qu'il assigne aux Ethiopiens, c'est-à-dire sous le seizième parallèle sud, à plus de 4000 kilomètres de Garama qui se trouvait à 21 degrés et demi de latitude nord (1).

VII. — Pouvons-nous espérer que ces brèves et vagues données suffiront pour retrouver le point précis jusqu'où s'avancèrent les expéditions romaines dans l'intérieur de l'Afrique?

Les commentateurs l'ont pensé. D'Anville (2) a identifié le pays d'Agisymba avec un peuple Zimba que les relations portugaises mentionnaient dans l'Afrique centrale et qui n'est autre que le Kazembé des explorateurs modernes. Mais le temps s'approchait où l'immense travail du géographe alexandrin allait tomber dans le plus complet discrédit et où l'on accuserait Ptolémée d'avoir « tendu un piège à la science ». Jalouse de conserver à nos connaissances actuelles une supériorité absolue sur celles de l'antiquité, l'école géographique moderne traita d'absurde la pensée que les armées romaines eussent traversé « non seulement tout le Soudan, mais encore une immense étendue de pays barbares et aujourd'hui même absolument inconnus aux deux côtés de l'Equateur. « On a honte, disait M. Vivien de Saint-Martin (3), de discuter de pareilles idées que repoussent les plus simples notions du sens commun ». Aussi cherche-t-on à rapprocher, par les plus étranges assimilations, le pays d'Agisymba et toute la Libye intérieure de Ptolémée, des rivages de la Mé-

---

(1) D'Anville, *Géogr. anc. abr.*, t. III, p. 65, 1768.
(2) Vivien de Saint-Martin, *Le Nord de l'Afrique,* p. 218.
(3) Ptolémée, *Géogr.*, I, 9; IV, 8; VII, 2.

diterranée. Pour Leake, les deux expéditions romaines s'arrêtèrent dans le Bornou, aux environs du lac Tchad (1). Walckenaër plaça Agisymba dans l'oasis d'Asben (2) et M. Vivien de Saint-Martin approuva hautement cette assimilation (3), malgré le texte formel de Ptolémée, malgré l'absence d'Ethiopiens, c'est-à-dire de nègres et de rhinocéros, dans cette partie de l'Afrique.

Une connaissance plus étendue du continent noir et une lecture plus attentive et plus intelligente des tables du géographe alexandrin ne tardèrent cependant pas à ramener les commentateurs à une plus saine appréciation des explorations de l'antiquité. On remarqua que les géographes grecs et latins avaient toujours soigneusement distingué la Phazanie du pays des Garamantes, situé, d'après eux, au sud-est (4) et habité par des Éthiopiens (5), c'est-à-dire par des nègres ; il n'était donc pas possible d'assimiler les Phazaniens aux Garamantes et de compter les cent vingt jours de marche de Maternus à partir de Mourzouk comme pour les quatre-vingt un jours qui ont conduit Clapperton de Mourzouk à Kouka, capitale du Bornou et les quatre-vingt-douze journées employées par Barth pour se rendre de Mourzouk à Aghadès, dans l'oasis d'Asben, ou cent quarante-sept pour pousser jusqu'au Soudan. De plus, les anciens ont toujours soigneusement distingué les populations noires du Sahara, les Berbers ou autres tribus à peau noire, mais à cheveux lisses et à physionomie leptorhinienne, les mélanogétules, par exemple, des nègres platyrhiniens qu'ils appelaient Ethiopiens et qualifiaient de Leucéthiopiens, de Pyréthiopiens (6) ou

(1) Leake, *Journal of the Roy. Geog. Soc.*, t. II, p. 7, 1832.
(2) Walckenaër, *Cosmologie*, p. 239. — Rech. sur l'int. de l'Afr., p. 391. — Cf. *Hist. gén. des voy.*, t. 1, *introd.*, p. xxxvi.
(3) Vivien de Saint-Martin, ouvr. cité, p. 219-223.
(4) Plin., *Hist. nat.*, V, 5.
(5) Ptolémée, *Geogr.*, I, 8.

d'Ethiopiens proprement dits (1) suivant la teinte plus ou
moins foncée de leur peau. Or les Garamantes étaient des
Ethiopiens tout comme les gens d'Agisymba. C'est donc au
sud du grand désert qu'il faut chercher ces deux contrées
mystérieuses et M. Berlioux n'a pas hésité à replacer la
dernière au pays de Kazembé (2) qui possédait les plus im-
portantes mines de cuivre de l'Afrique intérieure et formait
un grand centre d'hostilités contre les Garamantes.

VIII. — Quoi qu'il en soit, d'ailleurs, de cette assimilation, il est certain, même pour ceux qui restreignent le plus
l'étendue des anciennes notions géographiques, comme M. Vivien de Saint-Martin, par exemple, il est certain, dis-je, que
les Romains connaissaient au moins aussi bien que nous la partie de l'Afrique située au nord du tropique du Cancer. S'ils n'a-
vaient qu'une seule fois traversé le grand Atlas et aperçu ou
parcouru (3) le Sahara marocain, les renseignements que nous
possédons sur cette contrée ne sont guère plus complets que
les leurs. Sans doute il n'est pas absolument certain qu'ils
aient jamais poussé leurs expéditions jusqu'à El Goléah, limite extrême des nôtres, mais ils possédaient, nous l'avons
vu, des notions très exactes sur les vastes solitudes qui séparent le Sahara marocain de la Phazanie et du pays des
Garamantes. Dans le Sahara algérien proprement dit les positions fortifiées et permanentes de leurs avant-postes avaient
été portées aussi loin que celles de notre armée, après la conquête et la pacification de l'Algérie entière. Un de ces postes,
Gemellæ, se voit encore en plein Sahara, au sommet d'un monticule de gypse, à trois lieues des Zibans (4) ; un autre, dont

(1) Ptol., I, 9. — Αἰθίοπες ἄκρατα.
(2) E. F. Berlioux, La prochaine découverte du pays des Garamantes, Lyon-scientif.,
nov. 1879 (carte), ch. iv et v du tirage à part.
(3) Solin, Polyhist., 24. — Ultra Atlautem romana signa circumtulit.
(4) Ch. Martins, Du Spitzberg au Sahara, p. 601.

les ruines ont servi de repère à la mission Roudaire pour le
nivellement du chott Melrhir se trouve à Besseriani, à 8 kilomètres au sud de Négrine (1); enfin une ville romaine sur
les décombres de laquelle les Arabes ont construit leur Bechri
el Kdim, l'ancienne Bechri, a été signalée par M. Tissot sur
la rive méridionale du chott el Djérid (2), que contournait
d'ailleurs une route de 170 milles de long, mentionnée par
la carte de Peutinger et conduisant de Tacape (Gabès) à Aggar-
sel Nepte (Nefta) à l'extrémité occidentale du chott. On voit
donc que les Romains habitaient non seulement la Tunisie
actuelle très peuplée et très florissante alors, mais encore le
Sahara oriental où nos explorateurs modernes n'ont que ra-
rement pénétré. Il en est de même du littoral des deux Syrtes et de la Cyrénaïque, à peu près inconnu de nos jours. *Leptis magna*, la moderne Lébidah, était le point de départ de
toutes les expéditions qui se dirigeaient vers l'intérieur du
continent où elles pénétraient, nous l'avons vu, jusqu'à des
pays encore inconnus de nos jours. Cette ville était d'ailleurs la patrie de l'empereur Septime Sévère et il est à croire
que toute la région environnante était entrée avec elle dans
la sphère d'action immédiate de la civilisation romaine. Lors
donc que les géographes du premier siècle de notre ère nous
parlent des contrées voisines des Syrtes, ce ne sont pas là
des pays lointains et fabuleux qu'ils décrivent sur de vagues
ouï-dire, comme on l'a prétendu (3), mais bien des provinces
voisines, occupées ou sans cesse parcourues par les légions
et que nombre de leurs lecteurs avaient dû visiter, si même
ils n'en étaient pas originaires.

On voit par ce bref résumé des explorations, des conquêtes

(1) Roudaire, *Mission des chotts*, Archives des Missions, 3ᵉ série, t. IV, p. 270.

(2) Tissot, *Notice sur le chott el-Djérid*, Bull. Soc. géogr. Paris, juillet 1879, p. 9 (en note). Cf. *Id.*, p. 6.

(3) Pomel, *La mer intérieure d'Algérie et le seuil de Gabès*. Rev. scient., 10 nov. 1877, p. 436.

et des établissemens des Romains en Afrique, quelle devait
être l'étendue de leurs connaissances sur la géographie de ce
continent. Une fois ces points bien établis, on ne sera plus
exposé, en abordant l'étude des textes relatifs au lac Triton,
c'est-à-dire à la mer Saharienne, à faire fausse route pour
s'être imaginé que les anciens n'avaient jamais pénétré dans
le Sahara et ne connaissaient ces contrées brûlantes que par
les rapports vagues et mensongers des indigènes et des marchands de caravanes.

IX. — Les plus anciennes traditions qui nous soient parvenues sur la mer Saharienne, nous ont été conservées par
Diodore de Sicile. Elles se rportent à l'époque reculée et
comme perdue dans la nuit des temps où le désert entier
était plongé sous les eaux. Les récits mythologiques qui leur
ont servi de véhicules les enveloppent d'un brouillard vapo-
reux et transparent à travers lequel il est encore facile de
distinguer leurs contours: Diodore les avait recueillies chez
les plus anciens auteurs et en particulier dans le livre que
Dionysius de Milète avait écrit sur l'histoire de Bacchus, des
Argonautes et de toutes les choses les plus mémorables de
de l'antiquité (1). Elles ne nous reportent probablement pas,
d'ailleurs, à une période de beaucoup antérieure à celle où
les flots de la Méditerranée s'enfoncaient au milieu de la
Thébaïde et dont les prêtres égyptiens avait pourtant gardé
le souvenir (2).

Aux confins de la terre, disaient donc les vieilles annales
résumées par Diodore (3), vers l'occident de la Libye, se trouve
une nation gouvernée par des femmes, les Amazones. Elles
habitent une île appelée Hespéra et située à l'occident, dans,

(1) Diodore de Sicile, *Bibl. Hist.*, I, 4; III, 52.
(2) Hérod., II, 4-13.
(3) Diod. Sic., III, 53.

le lac Triton. Ce lac est près de l'Océan qui environne la terre ; il tire son nom du fleuve Triton qu'il reçoit et se trouve dans le voisinage de l'Ethiopie, au pied de la plus haute montagne de ce pays que les Grecs appellent Atlas et qui touche à l'Océan. L'île Hespéra est spacieuse et pleine d'arbres fruitiers de toutes espèces qui fournissent aux besoins des habitants. Ces derniers se nourrissent aussi du lait et de la chair de leurs brebis et de leurs chèvres dont ils possèdent de grands troupeaux ; mais ils ne connaissent pas encore le blé..... Les Amazones firent la conquête de toute cette île et fondèrent la ville de Chersonèse sur une presqu'île qui s'avançait dans le lac Triton..... Elles attaquèrent ensuite les Atlantes et prirent d'assaut leur capitale, Cerné, puis subjuguèrent les Gorgones, et finirent par être définitivement détruites par Hercule dans son expédition de Libye. Quant au lac Triton, ajoute Diodore (1), on rapporte qu'il a disparu, celles de ses parties inclinées vers l'Océan s'y étant écoulées à la suite de mouvements du sol.

Ou ce récit de Diodore n'est qu'une pure fable, ou il nous a conservé le souvenir du premier exondement du Sahara occidental. A l'époque des Amazones, c'est-à-dire plusieurs générations avant la guerre de Troie et contemporainement au règne d'Horus, fils d'Isis en Egypte, le massif Atlantique formait une vaste île, près de l'Océan et baignée au sud par le lac, golfe ou mer Triton, car le mot grec, constamment employé par tous les auteurs, peut se prendre indifféremment dans ces trois sens. Cette île était fertile en fruits de toutes espèces, particularité que les anciens ont toujours relevée lorsqu'ils ont parlé de notre Algérie (2). Ses habitants

---

(1) Diod. Sic., III, 55. — Λέγεται δὲ καὶ τὴν Τριτωνίδα λίμνην, σεισμῶν γενομένων, ἀφανισθῆναι, ῥαγέντων αὐτῆς τῶν πρὸς τὸν Ὠκεανὸν μερῶν κεκλιμένων. Ce qui doit se traduire mot à mot par : « On dit que la mer Triton a disparu, des mouvements s'étant produits et celles de ses parties qui avaient été inclinées vers l'Océan s'étant répandues »

(2) Plin., V, 1; XVIII, 51. — Hérod., IV, 198.

possédaient de grands troupeaux et beaucoup de chevaux ;
ils avaient une ville importante située sur une péninsule, et
une de leurs tribus les plus puissantes portait le nom d'Atlantes (1) ; leur capitale s'appelait Cerné, nom que nous retrou-
verons plus tard, dans le périple d'Hannon, sur la côte occidentale d'Afrique, en face des îles Canaries (2). Peu à peu des
mouvements du sol se produisirent; les parties qui regar-
dent l'Océan s'exondèrent en se soulevant, et le bras occidental de la mer Triton s'écoula dans l'Atlantique. Mais
ce phénomène avait vivement frappé les habitants. Longtemps le souvenir de la mer Saharienne se perpétua dans les
légendes, et nous allons voir le mythe des Argonautes nous
en apporter encore un lointain écho.

X. — Ce mythe, l'un des plus compliqués et des plus
étranges que nous aient conservés les traditions helléniques,
a beaucoup exercé et exercera longtemps encore la sagacité
des commentateurs. Quel que soit son véritable sens, il ren-
ferme un élément géographique qui seul nous importe ici et
qu'il ne paraît pas impossible d'élucider, malgré les obscuri-
tés, les variantes et les impossibilités dont les poètes l'ont,
comme à l'envi, surchargé. Il s'agit, on le sait, d'une gigantesque expédition entreprise par Jason, Hercule, Castor et
Pollux et une troupe de héros grecs à la recherche de la
toison d'or. Quelle était cette mystérieuse conquête, digne
d'une pareille entreprise? On a voulu y voir une allégorie
transparente recouvrant d'un voile diaphane le souvenir des
premiers travaux métallurgiques de la race hellénique, les
premiers voyages de ces hardis négociants à la recherche des
mines d'or, des contrées lointaines où se recueillait le pré-
cieux métal à cette époque. Dans cette hypothèse, les au-

(1) Hérod., IV, 184. — Plin., V, 8.
(2) Hannonis *Peripl.*, 8. — Scyl. *Peripl.*, 112.

teurs des différentes *Argonautiques* qui nous sont parvenues, auraient réuni de force et violemment fondu ensemble, pour former le récit d'une seule expédition, les matériaux empruntés à des voyages très divers, et, pour ainsi dire, les itinéraires de nombreuses caravanes. Ainsi s'expliqueraient les disparates géographiques, les erreurs, les absurdités du vogage des Argonautes, dans le récit qui nous en est parvenu. A l'appui de cette interprétation, il faut faire remarquer que la plupart des détails de la légende nous reportent à l'âge de bronze des archéologues, à cet âge de bronze qui fut si pauvre dans l'Europe occidentale, mais qui mériterait à titre égal d'être appelé l'âge d'or en Grèce et dans l'Italie centrale, tant ce métal y était abondant (1). Tous les instruments usuels, même l'ancre du navire Argo étaient en bronze (2). Les trois contrées où le mythe conduit les navigateurs, la Colchide, l'Etrurie et la Libye intérieure sont trois grands centres métallurgiques et aurifères de l'antiquité; enfin, d'après les lois ingénieusement découvertes par les mythologues modernes pour l'interprétation des anciennes légendes qui forment le patrimoine commun de la race aryenne, l'éloignement des lieux où sont placées les principales circonstances du mythe montre qu'il s'agit de faits topographiques véritables, brouillés, sans doute, obscurcis et confondus, mais non pas inventés à plaisir pour servir de théâtre à une action purement légendaire. « L'homme, dit en effet M. Michel Bréal (3), éprouve le besoin de rapprocher de lui les traditions qui lui sont transmises par ses pères et il transplante sur la terre où il se trouve les légendes qu'il y a apportées ».

<hr>

(1) Schliemann, *Mycènes et Tirynthe, passim*. — A. Castellani, *Della orificeria italiana*.
(2) Pindare, *Pyth*., IV, 42. — Apoll. Rhod., *Argon*, IV, 1582, etc.
(3) M. Bréal, *Hercule et Cacus*. III, p. 64. V. p. 59 de la 2ᵉ éd.

XI. — Ces faits sont nombreux et contradictoires, comme
il convient aux récits de plusieurs voyages, aux descriptions
de plusieurs routes, bon gré, mal gré, raccordées en une
seule. Partis d'Iolchos en Thessalie, sur le navire Argo, bâti
avec les bois du Pélion (1), les Argonautes se rendirent, à
travers mille dangers, au fond du Pont-Euxin, à la ville d'Æa
située à l'embouchure du Phase, en Colchide, au pied du
Caucase. Après la conquête de la précieuse toison, ils s'en-
gagèrent, d'après Timagète, Apollonius de Rhodes et Valé-
rius Flaccus, dans l'Ister, large fleuve qui descend des Alpes,
se rend dans un vaste lac au centre de la Germanie et, de là,
se divise en deux branches qui coulent, l'une dans le Pont-
Euxin, l'autre dans l'Océan septentrional. C'est en suivant
cette voie fluviale que les navigateurs parvinrent en Tyr-
rhénie. Mais d'après Hécatée de Milet, l'expédition, loin de
traverser le Pont-Euxin pour gagner les bouches de l'Ister,
remonta directement le Phase et parvint ainsi dans l'Océan,
puis de là dans le Nil et en Libye. A cela, Artémidore d'E-
phèse et Eratosthène objectaient que le Phase qui prend sa
source dans la région caucasienne, ne communique pas avec
l'Océan. Scymnus de Chio, cherchant toujours une vague restitution de la vieille route des métallurgistes du Nord, pensait
que c'était en remontant le Tanaïs qu'ils étaient parvenus
dans l'Océan septentrional. De là, Hésiode, Antimachus et
Pindare (2) les conduisaient en Libye; puis, comme le mythe
exigeait le retour en Grèce du navire Argo, on supposait
qu'ils l'avaient soit démonté (3), soit porté tout d'une pièce,
à dos d'hommes, jusque dans la Méditerranée. Mais Sophocle,
Hérodote et Callimaque, ignorant ce long détour, ou plutôt
ne racontant le voyage que d'une seule expédition métallur-

(1) Hérod., IV, 179.
(2) Scholiast. Apoll., *ad Argon.*, IV, 259, 284
(3 'Pind., *Pyth.*, IV, 47.

gique, la faisaient retourner directement de Colchide en
Grèce (1). C'est pendant ce retour et en vue du Péloponnèse,
d'après Appollonius de Rhodes (2), ou, suivant Hérodote (3),
dans une expédition spéciale autour du Péloponnèse, pour
porter à Delphes un trépied de bronze, qu'une tempête du
nord entraîna le navire pendant neuf jours et neuf nuits
jusque dans les parages dangereux de la grande Syrte d'où
les malheureux vaisseaux ne peuvent plus sortir. Ici la précision des détails géographiques que le poète affirme formellement (4) montre bien qu'il s'agit de faits positifs et non
plus de vagues légendes sur des contrées inconnues comme
celles du Nord. La côte est basse, semée de hauts fonds et le
navire est enlisé dans les épais marécages d'une forêt d'al-
gues sous-marines (5). La mer roule de longues vagues qui
tantôt soulèvent la malheureuse barque et l'inondent de leur
écume blanchissante, tantôt la laissent à sec sur le sable.
Les Argonautes sautent à terre et se trouvent dans une contrée déserte, au milieu d'immenses plaines de sables, en-
dormies dans un morne silence qu'aucun être vivant, ni
hommes ni animaux ni oiseaux, ne vient jamais troubler. La
peinture de ces côtes désolées qui forment le fond de la
grande Syrte est frappante. Rassurés par une apparition
nocturne, les navigateurs prennent sur leurs épaules leur
vaisseau et le transportent au loin, à travers les sables et
les déserts pendant douze jours et douze nuits jusqu'au bord
de la mer Triton, où ils s'embarquent précipitamment, poussés à la recherche d'une source par une soif ardente. Ils
arrivent en droite ligne au pied de l'Atlas où le serpent Ladon,
qui gardait les pommes d'or du jardin des Hespérides, venait

<hr>

(1) Laur. Balbus, *Hist. Argon.*, *sub fine*. Cf. Diod. Sic., IV, 56.
(2) Apoll. Rhod., *Argon.*, IV, 1228 et suiv.
(3) Hérod., IV, 179.
(4) Apoll. Rhod., *Argon.*, IV, 1382.
(5) Apoll. Rhod., *Argon.*, IV, 1237 et suiv.

d'être tué par Hercule (1). Là ils rencontrent des jeunes
filles aux cheveux blonds et aux mains blanches (2) qui leur
montrent trois arbres merveilleux et leur indiquent une
source abondante qu'Hercule avait fait jaillir d'un rocher en
frappant le sol du pied, et qui s'écoulait dans la mer Triton.
Reposés et rafraîchis, ils se remettent en route et naviguent
pendant longtemps sur cette mer méridionale (3), cherchant
un passage pour en sortir. Enfin, le dieu Triton leur apparaît
et leur montre le chemin. « Là où l'eau calme et profonde
se revêt des teintes les plus sombres entre les blanches plages du littoral, là, leur dit-il (4) s'ouvre le passage qui conduit à la grande mer; mais la route est étroite et semée
d'écueils qui vous mènera sur les flots noirs au delà de Crète
vers la terre sacrée de Pélops. Quand vous aurez quitté les
eaux tranquilles du golfe pour entrer dans les brisants du
large, alors, serrant de près la terre, dirigez droit votre
course jusqu'à ce que la côte s'infléchisse de droite et de
gauche dans une autre direction. A partir de ce promontoire,
gagnez le large et une heureuse navigation vous est assu-
rée ». Conduits par le dieu, les Argonautes traversent l'étroit
canal, et pénétrant enfin dans la Méditerranée « là où existent
encore le port d'Argo et les autels et les statues du navire, de
Neptune et de Triton (5) » ; ils continuent leur navigation,
longeant à leur droite une côte déserte, gagnent la haute
mer et abordent enfin en Crète, où d'autres aventures les
attendent, aventures dans lesquelles la métallurgie et le
bronze, en particulier, joueront encore un grand rôle (6).

XII. — Il suffit de lire ce récit pour y reconnaître immé-

(1) Apoll. Rhod., *Argon.*, IV, 1391-1398.
(2) Id. *Ibid.*, IV, 1407.
(3) Id. *Ibid.*, IV, 1538.
(4) Id. *Ibid.*, IV, 1573-1584.
(5) Id. *Ibid.*, IV, 1626.
(6) Id. *Ibid.*, IV, 1636 et suiv.

diatement une description géographique exacte du golfe des
Syrtes, du lac Triton et de son estuaire, au fond de la petite
Syrte. Que les Agonautes aient pénétré dans la mer méridionale ou saharienne par l'Océan, comme le racontent
Hésiode, Antimaque et Pindare, ou que, chassés par le vent
du Nord, ils se soient échoués au fond de la grande Syrte et,
traversant à pied les déserts de cette partie de la côte, soient
venus se rembarquer au bord du lac Triton, conformément
au récit d'Hérodote et d'Apollonius, il importe peu. La topographie de cette contrée est décrite avec une assez grande
précision pour qu'on ne puisse la traiter de fantastique et la
comparer avec celle des monts Riphées, par exemple, et des
contrées boréales. Cette peinture si vivante de ces plages
désertes, brûlées par un soleil torride, sans eau, toutes de
sables blancs qu'une mer marécageuse frangeait d'écume,
qu'enveloppait un éternel silence, jamais troublé par les
cris des oiseaux ou des animaux sauvages, sur lesquels nul
pasteur n'avait tracé de sentiers, cette peinture si réaliste et
si désolée n'a pu être faite que d'après nature, par des malheureux échoués dans ces tristes parages et frappés de tous
ces maux si âprement décrits. La grandeur du lac Triton où
les Argonautes errent longtemps à la recherche d'une aiguade
qu'ils ne rencontrent qu'au pied de l'Atlas, c'est-à-dire sur la
rive septentrionale, au jardin des Hespérides ; les difficultés
de son embouchure dans la petite Syrte, la direction de la
côte à droite jusqu'à un promontoire, où elle se creuse au
sud-est et d'où il faut s'élancer au large, sur une mer sûre et
profonde, pour gagner la Crète, tous ces détails concordent
minutieusement avec l'état réel de ces parages et montrent
que si l'histoire des Argonautes appartient à la mythologie,
les lieux où on la place formaient l'objet de connaissances
précises et scientifiques en quelque sorte. N'est-ce pas là,
d'ailleurs, le procédé ordinaire de nos romanciers, de nos

mythologues modernes qui déroulent une action fabuleuse
dans des lieux réels, décrits avec la plus scrupuleuse exactitude?

XIII. — Puis les Syrtes n'étaient pas pour les Grecs des
contrées inconnues ni bien lointaines. Leurs hardis marins,
leurs colons intrépides les fréquentaient sans cesse et y fon-
daient même des établissements. Diodore de Sicile en décrit
très nettement les phénomènes atmosphériques spéciaux, le
mirage qu'on a longtemps traité de fable; il connaît les vastes dunes du Sahara oriental, leur ressemblance avec une
mer, leur étendue désolée, sans oiseaux, sans quadrupèdes
autres que la gazelle et le bœuf, sans végétaux, sans eau, mais
infestée de reptiles, et surtout de cérastes, la dangereuse
vipère (1). Les colonies grecques affluaient dans ces parages
et y avaient puisé nombre d'usages (2). Un oracle disait que
cent villes helléniques seraient bâties sur les rivages de la
mer Triton (3). Aussi les descriptions ethnologiques et géographiques de la côte que nous ont conservées les historiens
concordent-elles jusque dans leurs moindres détails avec
l'état actuel des lieux (4). Elles témoignent seulement d'un
climat moins sec, d'une contrée plus arrosée. Ainsi le Cinyps,
par exemple, fleuve important qui coulait à 80 stades de
Leptis magna ou *Neapolis*, la moderne Lebidah (5), n'est-il
plus aujourd'hui qu'un mince ruisselet, le Ouadi Mrar-K'rin,
de 8 ou 10 kilomètres de longueur totale (6). Au delà se

(1) Diod. Sic., III, 50.
(2) Hérod., IV, 189 ; V, 42.
(3) Hérod , IV, 179.
(4) Voir, sur cette minutieuse concordance et sur l'identification des données d'Hérodote avec
les lieux et les populations actuelles, Vivien de Saint-Martin, *Le Nord de l'Afrique*, p. 42 et
suiv.
(5) Hérod., IV, 175. — Scylax, *Péripl.*, 109.
(6) Beechey, *Proced. of the Exped. to explore the north. coast of Africa*, p. 66.71 et suiv
— Barth, *Der Kinyps und seine Landschaft* (Soc. géogr. de Berlin, *Monatsber.*), 1850, t. IV
p. 87 et suiv. — D'Anville, *Acad. Inscr.*, t. XXVI, 1745, p. 78.

trouvaient, au temps d'Hérodote (1) les Lotophages habitant
le promontoire qui s'avance en face de l'île de Djerbah, puis
les Machlyes, s'étendant à l'ouest, jusqu'au golfe et au grand
fleuve Triton. Dans le golfe se trouvait une île nommée
Phla qu'un oracle avait ordonné aux Lacédémoniens de colo-
niser (2); et, en effet, c'est aux colonies grecques leurs
voisines que les Auses qui habitaient la rive septentrionale
du fleuve et du golfe avaient emprunté l'armure et le casque
corinthien (3). Ils en revêtaient les jeunes vierges qui célé-
braient la fête de Pallas, et dont la reine se promenait triom-
phalement en char sur les bords du golfe. Le fleuve Triton formait la limite du désert. Hérodote dit positivement que les
Libyens nomades s'étendaient jusque-là, vivant au milieu des
sables depuis Thèbes d'Égypte jusqu'aux colonnes d'Hercule,
dans une contrée aride, sans pluie, pleine de mines de sel
avec les cristaux duquel ils construisaient leurs maisons (4).
A partir du golfe et du fleuve, la nature du sol, les mœurs et
la religion (5) de ses habitants changeaient complètement.
De basse et sablonneuse, la contrée devenait boisée, montagneuse, couverte de vastes forêts, repaires de bêtes féroces
et de grands fauves; elle était occupée par des populations
sédentaires, agricoles et habitant de véritables maisons, au
rebours des nomades pasteurs logés sous la tente. Ces peuples
étaient blonds (6), comme nombre de nos Kabyles actuels,
et se disaient descendants des Troyens, c'est-à-dire de race
pélasgique (7). C'étaient les Maxyes, les Zavèces et les Gy-

(1) Hérod., IV, 177.
(2) Hérod., IV, 178.
(3) Hérod., IV, 180.
(4) Hérod., IV, 181-185. Cf. Ch. Martins, *Du Spitzberg au Sahara*, p. 562.
(5) Hérod., IV, 188.
(6) Scylax, *Périple*, 110. — Cf. Ibn Khaldoun, t. II, p. 573. — Desfontaine, *Voy. de Tunis*
t. I, p. 348. — Shaw, *Travels*, t. I, p. 149 de la trad. franç. — Dureau de la Malle, *Renseign.
sur la prov. de Constantine*, p. 191 et 261. — Shaler, *Esquisse de l'État d'Alger*, p. 119. —
Daumas, *Grande Kabylie*, p. 20. — Id., *Le Sahara algérien*, p. 326. — Id., *Le grand désert*,
p. 144, 150, etc. — Procope, *Bell. Vand.*, II, 13.
(7) Hérod., IV, 191.

zantes, en face desquels se trouve à quelque distance en mer
l'île allongée de Kyraunis, la moderne Kerkenah, avec ses
sebkhas marécageuses (1). C'est là, comme on le voit, une
description sommaire, mais absolument exacte de cette partie de l'Afrique, avec tous les traits caractéristiques de sa
topographie, de ses produits et de ses habitants. Une seule
chose diffère dans l'état actuel des lieux, le golfe et le fleuve
Triton placés par Hérodote entre le territoire des Auses, situé
à l'ouest du promontoire de Lébidah et celui des Maxyes,
un peu au-dessous de l'île de Kerkenah, c'est-à-dire précisément à Gabès, au fond de la petite Syrte, sur l'emplacement
actuel du chott el-Kébir et de l'oued Djeddi qui forme encore aujourd'hui, comme il y a vingt-trois siècles, la limite
entre les sables et la région montagneuse du massif Atlantique (2).

XIV. — Hérodote n'est pas le seul auteur grec qui nous ait
laissé une minutieuse description de ces parages. Un écrivain
spécial, Scylax, qui vivait probablement deux siècles après
lui, avait composé, sous le titre de « Périple de la Méditerranée », une espèce de portulan qui indiquait avec les plus
grands détails tous les moindres accidents de la navigation
côtière, c'est-à-dire tout le relief de la côte. Malheureusement le texte de cet ouvrage si clair et si précis dans la sécheresse voulue de sa nomenclature, ne nous est parvenu
que mutilé, incomplet et fort endommagé par le temps. Malgré cela, comme le périple présente, dans la question qui
nous occupe, une importance sérieuse ; comme, de plus, il a
précisément été invoqué à l'appui du caractère mythique et
fabuleux du golfe Triton, il importe de reproduire en entier ici
la partie de ses fragments relative à la description de la petite

(1) Pomel, *Géolog. de la petite Syrte, Bull. Soc. géol.*, février 1878, 3ᵉ série, t. VI, p. 220.
(2) Hérod., IV, 191.

Syrte, nom que Scylax est chronologiquement le premier
à donner au golfe de Gabès.

Donc, après avoir décrit le littoral de la grande Syrte à laquelle il donne 5,000 stades, c'est-à-dire un peu moins de
1000 kilomètres de développement, Scylax arrive au promontoire qui sépare les deux golfes, et dont *Neapolis* ou
Leptis magna occupe à peu près le sommet. Il continue la
description de la côte en ces termes (1) : « Après Néapolis se
trouve, en territoire carthaginois, la ville de Graphara située
à un jour de navigation de Néapolis. Après Graphara et à un
jour de navigation, la ville et le port des Abrotoniens (Sabrata). Ensuite, à un jour de navigation de Sabrata, la ville et
le port de Tarichiæ (Zuchis). Puis, à un jour de navigation,
une île qu'on appelle soit Brachion, soit l'île des Lotophages.
Sa longueur est de 300 stades, sa largeur un peu moindre.
Elle est à trois stades du continent et produit du lotus, du
vin, de l'huile, des céréales, orge et froment, etc., car elle
est très fertile. A une demi-journée de navigation de cette île
se trouve la ville de Gichthis. De là, un jour de navigation
conduit à Macomada ou Néapolis. Une île déserte se voit en
face de cette ville. A côté s'élève l'île Kerkinitis qui possède
une ville. Sur la côte, en face, est située Thapsus (Sfax), à
un jour et demi de navigation. De Thapsus... (ici le texte
présente une lacune) la petite et Adrymète, un vaste golfe
s'enfonce dans les terres. C'est la petite Syrte qu'on appelle
Kerkinitis ; elle est d'une navigation beaucoup plus difficile
et plus dangereuse que l'autre Syrte ; son périmètre s'élève à
à 2000 stades (environ 400 kilomètres (2). C'est là que
se trouve l'île Tritonis et le fleuve Triton, avec le sanctuaire

(1) Scylax, *Periple*, 110.

(2) Il y avait différents stades variant, d'après l'opinion généralement admise, de 170 à 217
mètres. Comme on ignore celui dont Scylax s'est servi, je calcule d'après une moyenne de
200 mètres pour obtenir un chiffre approximatif.

d'Athéné Tritonide. Le lac (1) Triton a une petite embouchure
au milieu de laquelle se trouve l'île. Quelquefois, à marée
basse, le lac parait n'avoir pas d'entrée navigable. Il est vaste,
son périmètre atteignant à peu près 1000 stades (200 kilomètres). Sur ses bords habitent les Byzantes (2), nation
libyenne dont la ville s'élève à l'ouest, au fond du lac. Ces
Byzantes libyens sont tous blonds et très beaux. Cette contrée
est d'une grande fertilité et nourrit des troupeaux nombreux
et superbes. Les habitants sont très riches ».

Telle est la description de la côte que nous a laissée Scylax. Il serait difficile, on le voit, d'être plus précis, plus net
et plus clair, et si le géographe grec n'a pas visité lui-même
la petite Syrte, il parait certain qu'il a composé son périple
sur les rapports détaillés des navigateurs qui fréquentaient
ces parages. Aussi les commentateurs n'ont-ils pas hésité à
reconnaitre dans le chott el Djérid et dans l'oued el Hammah qui coule au fond du golfe de Gabès, le lac Triton de
Scylax et son étroite embouchure dont ils expliquent l'obli-
tération par l'accumulation des sables (3). Mais M. Pomel,
insuffisamment préparé sans doute à l'exégèse des textes anciens, a lu le périple sans tenir compte de la lacune que nous
avons signalée juste à l'endroit où Scylax indiquait les points
précis entre lesquels s'ouvrait le vaste golfe qu'il appelle
petite Syrte et qu'il décrit comme d'une si dangereuse navigation. Il en a naturellement conclu que ce golfe était situé
au nord de Souze (Adrymète) et il l'a identifié avec le golfe
de Hammam et, croyant sans doute avoir fait là le premier une
intéressante découverte de géographie historique (4). Mais

---

(1) Le texte dit constamment λίμνη, qui signifie mer, lac, golfe ou marais.

(2) L'orthographe de ce vocable ethnique est incertaine, le texte étant ici très altéré.

(3) Müller, *In Scyl. Peripl. Comm.*, 110. — Triton fluvius est El Hammah, qui nunc tamen non amplius ex ipso lacu egreditur; quod ex aggestis arenis quæ etiam insulam ostio adjacentem terræ junxisse debent, probabili ratione explicant. — Cf. Schaw, l. I, p. 275.

(4) Pomel, *La mer intérieure et le seuil de Gabès*. Rev. scient., 10 nov. 1877, p. 487. « Scylax est le premier géographe qui parle de la petite Syrte. Toutefois il ne la place point dans le golfe de Gabès, mais bien, au moins en partie, dans le golfe situé entre Tapsus (cap

s'il avait étudié avec plus d'attention le texte du périple, il
aurait reconnu que sa conjecture ne cadrait pas avec lui et
que ses devanciers avaient eu de bonnes raisons pour placer
tous sans exception la petite Syrte au fond du golfe de Gabès.
Le golfe seul, en effet, présente le développement de
2,000 stades, formellement assigné par Scylax à sa petite
Syrte; lui seul est d'une navigation plus difficile que la
grande Syrte et se trouve assez près de l'île de Kerkenah,
qui en marquait l'entrée aux navigateurs venant de Carthage,
pour en avoir pris le nom (1). Enfin il n'est pas jusqu'à la
longueur de 1000 stades indiquée par Scylax pour l'étendue
du lac Triton qui ne corresponde assez exactement avec le
chott el Djérid, du moins d'après ce qu'on sait de ce marais
dangereux, encore insuffisamment exploré. Où trouver dans
le golfe de Hammamet un pareil enfoncement? Cette partie
de la côte tout entière atteint à peine les 1.000 stades que
devrait avoir à lui seul le lac Triton Quant aux 2000
de la petite Syrte, qui correspondent exactement aux deux
cinquièmes de la grande et qu'on retrouve avec une remar-

as) et Adrymète (Souze), et c'est là qu'il indique le lac, le fleuve et l'île Triton, toujours
séparables dans le mythe. On trouve même dans ce golfe, à l'ouest du cap de Monastir, un
enfoncement considérable, souvent envahi par la mer et actuellement presque comblé par les
sédiments marins remplis de buccardes, de pectoncles, de vénus, de cérites. On pourrait
même y reconnoître l'île de Scylax, en train de s'oblitérer, dans un monticule aujourd'hui
couvert de dattiers. Ici il n'y a point d'interprétations de texte; celui du périple est explicite.
Il place immédiatement au delà de la petite Syrte Néapolis (Nabel), qui est à une journée de
navigation d'Adrumète et à 180 stades du fond du golfe de Carthage. »

(1) Comme Scylax écrivait son *Périple* avec les portulans, c'est-à-dire avec les descriptions
des côtes fournies par les marins, les documents dont il se servait pour le littoral carthaginois devaient naturellement partir de Carthage, c'est-à-dire suivre une marche inverse à celle
de sa propre description dont le point de départ se trouve en Égypte. Par conséquent, il a dû
retourner en arrière sur ses pas pour parler de la petite Syrte, au lieu d'en commencer la description dès qu'il arrivait à son entrée méridionale, puisque les portulans qu'il copiait à
rebours venaient du nord et qu'il n'y trouvait de mention détaillée du golfe qu'au moment
où ils arrivaient à son entrée septentrionale et non plus quand ils en sortaient par la ville de
Graphara au sud. Ce petit détail a sa valeur pour dévoiler le procédé de compilation du géographe grec, et il confirme pleinement ce que nous avons dit sur la situation du lac Triton en
même temps qu'il explique comment Scylax devait décrire le pourtour du golfe avant de
désigner celui-ci par son nom et fixer du nord au sud, en sens inverse de la marche de son
Périple, ses deux points d'entrée et de sortie dans la partie de son texte qui ne nous est parvenue que mutilée.

quable concordance dans le golfe de Gabès, de Sfax à l'ile de
Djerba, il faut supposer, dans l'hypothèse de M. Pomel, que
Scylax, si soigneux, si méticuleux pour les distances enregistrées par son périple, nous a laissé dans ce seul cas des
chiffres vagues, erronés. C'est absolument invraisemblable,
tout concordant, au contraire, à démontrer son exactitude et
sa véracité.

XV. — La plupart des petits géographes grecs qui décrivent la région des Syrtes n'ont fait que reproduire, en
l'abrégeant, les renseignements de Scylax. Un Latin, l'Espagnol Pomponius Méla, qui écrivait sous l'empereur Claude,
à une époque où les Romains, solidement établis dans la
Tunisie actuelle, avaient divulgué la connaissance de cette
région, confirme le texte du périple en le complétant : « Au
delà d'Adrumète, Leptis, Clupée, Macomade, Thénée et Néapolis se trouve, dit-il (1), la petite Syrte, golfe de presque
100,000 pas d'ouverture et 300,000 de circonférence.
Elle est sans mouillage, terrible et plus dangereuse encore
par les mouvements alternatifs d'une mer sans cesse agitée
que par ses écueils et ses bas-fonds. Au-dessus, un
immense marais nommé Triton reçoit le fleuve Triton d'où
est venu le surnom que l'on donne à Minerve, née dans ces
parages, d'après les indigènes, etc. » Cette fois le texte est
clair et formel et il n'y a plus aucune possibilité de mécon-
naitre le chott el Djérid dans le lac Triton, déjà devenu marais
et ne communiquant plus avec la mer. Trois siècles ont
suffi pour oblitérer son exutoire. Mais Méla ajoute à ces détails un renseignement qui a son importance pour l'histoire

---

(1) P. Mela, *De situ orbis*, I, 7. — Syrti sinus est centum fere millia passuum, qua mare
accipit, patens; trecenta qua cingit; verum importuosus atque atrox et ob vadorum frequen-
tium brevia, magisque etiam ob æternos motus pelagi affluentis ac refluentis infestus. Super
hunc, ingens palus amnem Tritona recipit, ipsa Tritonis ; unde et Minervæ cognomen inditum
e st, ut incolæ arbitrantur, ibi genitæ.

de la mer Saharienne. « Dans l'intérieur de la Numidie, à
une grande distance du littoral, on rencontre, dit-il (1), des
plaines désertes et stériles dans lesquelles on trouve, si l'on
peut ajouter foi aux récits qu'on en fait, des arêtes de pois-
sons, des débris d'huîtres et de murex, des rochers usés par
les flots comme ceux du bord de la mer, des ancres fixées
dans les escarpements et d'autres vestiges semblables qui
sont autant d'indices de l'ancien séjour de la mer dans ces
lieux. »

Cette description frappante du bassin des chotts récemment exondé et conservant encore toutes les traces de sa
submersion primitive contrariait d'autant plus les adversaires
de la mer Saharienne que son auteur la présentait à l'état
isolé, en quelque sorte, sans paraître soupçonner qu'elle pût
avoir aucun rapport avec le lac Triton. Aussi M. Pomel s'est-
il empressé de chercher une explication de ces faits compa-
tible avec son système et a-t-il découvert que « les coquilles
de Méla sont certainement ces bancs remarquables de grandes
huîtres tertiaires, *Ostrea crassissima* de Mila ou d'el Outaïa,
et ne se trouvent point au Sahara... (2). » Mais alors il faudra
renvoyer aussi les murex et même les ancres de vaisseaux
aux formations tertiaires ; il faudra nier les rochers usés et
polis par les flots et transformer les fertiles campagnes de
Mila en plaines arides et désolées... Et puis, comment prétendre que les anciens, à l'époque de Pomponius Méla, aient
pu confondre des fossiles empâtés dans des rochers avec des
coquillages marins, alors que les travaux de Xénophane en
Sicile, d'Hérodote en Égypte, d'Eudoxe de Cnide, d'Aristote,
de Xanthus de Lydie, de Théophraste, d'Eratosthène et de

(1) P. Mela, *Ibid.*, I, 6. — Interius et longe satis a littore (si fidem res capit) mirum ad
modum, spinæ piscium, muricum ostrearumque fragmenta, saxa attrita, uti solent, fluctibus
et non differentia marinis, infixæ cautibus anchoræ et alia ejusmodi signa atque vestigia effusi
olim usque ad ea loca pelagi, in campis nihil alentibus esse invenirique narrantur.
(2) Pomel, *La Mer intérieure et le seuil de Gabès*, Rev. scient., 10 nov. 1877, p. 437.

Polybe avaient depuis longtemps distingué les fossiles normaux des diverses couches géologiques d'avec les relais des
mers récentes? S'il se fût agi d'un phénomène aussi fréquent
que la présence de coquillages fossiles, Méla, qui avait dû en
rencontrer un peu partout, car il n'y a guère de pierres de
taille qui n'en possèdent, n'aurait certainement pas songé à
s'en étonner comme il le fait.

XVI. — L'argument le plus fort qu'on ait fait valoir contre
la certitude historique du lac Triton est tiré d'un passage de
Strabon. Dans sa description de la petite Syrte, le géographe
cappadocien ne fait pas, en effet, la moindre mention du
fameux golfe, tandis que, une fois arrivé en Cyrénaïque au
delà de la grande Syrte, sa description du littoral africain
marche de l'ouest à l'est. Il écrit (11): « La pointe de Pseudo-
Pénias, sur laquelle est bâtie Bérénice, a dans son voisinage
un lac connu sous le nom de Tritonis, remarquable surtout
par cette double circonstance qu'il s'y trouve une île et que
dans cette île on a bâti un temple en l'honneur d'Aphrodite.
Un autre lac, dit des Hespérides, reçoit la rivière du Lathon,
etc. » Les adversaires de la mer Saharienne triomphent de ce
passage qui a été suivi par divers compilateurs du moyen âge
et notamment par les rédacteurs de la table de Peutinger.
On comprend quels arguments ils en tirent pour démontrer
que le lac Triton n'est qu'un mythe qui flotte sur divers
points de la côte d'Afrique et dont le théâtre fictif se recule
à mesure que le domaine des connaissances géographiques
s'étend. Or je ferai remarquer d'abord que transporter le lac
Triton de Gabès à Bérénice, ce n'est pas le reculer dans un
pays inconnu et voilé de mystères, mais bien au contraire le
placer en pleine contrée civilisée, car la Cyrénaïque était

(1) Strabon, *Géogr.*, XVII, 20.

encore bien autrement prospère, peuplée et sans cesse vi-
sitée que le fond de la petite Syrte. Le seul argument qu'on
puisse tirer de ce passage de Strabon doit être dirigé non
pas contre l'existence du lac Triton, mais bien contre l'exactitude du géographe grec qui, s'il s'est montré littérateur et
historien remarquable, a fait preuve, en revanche, dans
toute la partie géographique de son ouvrage, de la plus grande
légèreté. Il suffira de rappeler qu'il place la source de la
Saône dans les Alpes (1), qu'il affirme que l'on aperçoit, du
haut des montagnes de Carrare, l'île d'Elbe, la Corse et la
Sardaigne situées sur un même plan et parallèles entre
elles (2) ; qu'il confond la mer Morte avec le lac Sirbonis (3)
et considère les deux chaînes du Liban et de l'Anti-Liban avec
la Cœlé-Syrie qu'elles renferment entre elles comme s'étendant dans une direction perpendiculaire à la côte, en même
temps qu'il s'imagine que le Jourdain se jette dans la Méditerranée et que le Lycus est navigable et permet aux mar-
chandises du pays et surtout d'Aradus de pénétrer dans l'intérieur (4), etc., etc.

Ces erreurs sont d'autant plus grossières qu'il s'agit de
contrées extrêmement connues à l'époque où Strabon écrivait
et qu'il avait visitées lui-même. Il n'y a donc rien d'étonnant
à ce qu'il se soit trompé de même sur la topographie d'une
partie beaucoup moins fréquentée des côtes méditerranéennes. Il suffit, d'ailleurs, de parcourir la description du littoral
des Syrtes qui termine son ouvrage, pour voir qu'il ne s'agit
là que d'un simple brouillon inachevé, d'un plan de rédac-
tion future qui n'aura pas pu être menée à bonne fin pour
une cause ou pour une autre, bien plutôt que d'un morceau
terminé et comparable aux livres précédents. C'est ce qui

(1) Strab., *Géogr.*, IV, i, 11. — Id., IV, iii, 2.
(2) Id., *Ibid.*, V, ii, 5-8.
(3) Id., *Ibid.*, XVI, ii, 42.
(4) Id., *Ibid.*, XVI, ii, 16.

peut expliquer l'extrême brièveté de toute cette fin de la
géographie, en même temps que les erreurs qui s'y trouvent,
et notamment la singulière inadvertance par laquelle Strabon
a placé un temple de Vénus dans l'île d'un lac Triton, c'est-à-
dire de Minerve Tritonide.

Il n'y a donc pas lieu de s'arrêter à cette contradiction
absolument isolée dans le concert des géographes antiques,
parmi lesquels il nous reste encore à examiner le plus important et le plus précis de tous, Claude Ptolémée.

XVII. — On sait quelle est la méthode suivie par le grand
savant d'Alexandrie dans sa description du monde. Il procède
par tables, c'est-à-dire par listes de localités dont il donne
simplement les positions par longitude, calculée du méridien
de l'île de Fer, et par latitude. Or, voici la partie de la seconde
table de la Libye, contenant l'Afrique proprement dite, qui
regarde le fleuve et le lac Triton :

« Dans la petite Syrte :

Embouchure du fleuve Triton . . . . . long. 38° 40′ lat. 30° 30′
Tacape (Gabès). . . . . long. 38° 50′ lat. 30° 30′
Mont Usalæton (points extrêmes) long 37° lat. 28° et long. 39° 30′ lat. 26°30

« C'est de là que coule le fleuve Triton et sur son par-
cours les lacs suivants :

Lac Triton . . . . long. 38° 40′ lat. 29° 40
Lac Pallas . . . . long. 38° 30′ lat. 29° 15′
Lac Libyen . . . . long. 38° 30′ lat. 28° 15′

« Au-dessous du mont Usalæton habitent les Usalætes.
C'est là que commence le désert de Libye ».

Il faut une singulière préoccupation d'esprit pour trouver,
ce me semble, dans un texte pareil, quelques traces de mythe ou de légende. Si l'on se rappelle que Tacapé-Gabès était,

à l'époque où Ptolémée écrivait, un port commerçant et fréquenté, que le bassin des chotts avait été soumis aux Romains (1), que de nombreuses villes y avaient été fondées par eux et reliées par des voies dont la table de Péutinger nous a conservé les stations et les distances avec assez de précision pour que M. Tissot ait pu reconstituer leur tracé sur les lieux (2), on reconnaîtra que la table de Ptolémée doit avoir un caractère absolument précis et scientifique. Sans doute l'orientation qu'il donne à la côte, de Carthage à Gabès, incline un peu trop vers l'est, tandis que les positions qu'il assigne aux villes et aux montagnes de l'intérieur s'infléchissent un peu trop vers le sud au lieu de courir directement à l'ouest; mais il ne faut pas oublier que les astronomes de l'école d'Alexandrie n'avaient pas d'instruments de géodésie et que leurs descriptions topographiques ne doivent être prises que comme des relevés d'itinéraires de voyageurs attentifs et soigneux. Or, même aujourd'hui, il serait impossible de mieux faire sans boussole. Donc, prétendre qu'un fleuve dont l'embouchure est formellement placée par le plus sérieux et le plus minutieux des géographes antiques, à 10 minutes de longitude, c'est-à-dire à 10 kilomètres, environ, d'un grand port de commerce incessamment fréquenté par les navigateurs et les marchands, n'a jamais existé et n'est indiqué là que par respect pour d'anciennes légendes, c'est vraiment prendre ses désirs pour la réalité ou se moquer trop ouvertement de la crédulité de ses lecteurs.

XVIII. — Pour tout esprit impartial, les indications de Ptolémée, si précises dans leur aride sécheresse, apportent,

---

(1) Procop., *Bell. Vandal.*, II, 20. — Vectigalem Romanis fecit idem (Salomon) provinciam Zabam, trans montem Aurasium sitam.

(2) Ch. Tissot, *Notice sur le chott el-Djérid*, Bull. Soc. Géogr. Paris, juillet 1879, p. 6 et suiv.

au contraire, une preuve péremptoire de l'existence du lac et du fleuve Triton, en même temps qu'elles expliquent leur disparition graduelle en nous montrant les phases successives du soulèvement qui a exondé le bassin des chotts, qui l'a séparé de la Méditerranée et qui a reculé le rivage de cette dernière à un kilomètre à l'est-nord-est de l'ancien port romain de Tacapé (1). Durant les quatre siècles qui se sont écoulés entre Scylax et Ptolémée, un grand changement s'est produit dans la topographie du bassin des chotts. Son exutoire ne s'est point encore oblitéré; le fleuve Triton se jette toujours dans la Méditerranée à 10 kilomètres au nord-ouest de Tacapé-Gabès ; mais le Sahara a continué à s'exonder; le lac Triton peu à peu soulevé s'est divisé en trois lagunes successives dont les deux plus occidentales ont pris les noms de lac Libyen, lac Pallas et dont la dernière a gardé le nom de lac Triton. Ces trois lagunes, nous les retrouvons encore aujourd'hui sous la dénomination arabe de chott Melrhir, chott Rharsa et chott el Djérid. A l'époque de Ptolémée, elles ne sont pas encore complètement indépendantes les unes des autres. Le fleuve Triton continue à les réunir en les traversant successivement et à porter à la Méditerranée leurs eaux qui s'écoulent à mesure que le sol se soulève. Mais le fleuve Triton lui-même vient de plus loin ; comme l'oued Djeddi descend encore aujourd'hui des hauteurs de Larhouat; il prend sa source au mont Usalæton et forme toujours, de même qu'au temps d'Hérodote, de même encore que de nos jours, la limite entre le désert de Libye et la Mauritanie, entre le Sahara et les pentes cultivées du Djébel Aurès.

XIX. — Telles sont les indications, d'une exactitude et d'une précision scrupuleuses, que nous ont laissées les ta

____

(1) *Mission des chotts*, Arch. des Miss. scient., 3ᵉ série, t. IV, p. 270.

bles de Ptolémée sur l'état du Sahara oriental au second siècle de notre ère. Comme bien on pense, le mouvement de
bas en haut qui se produisait depuis tant d'années dans cette
partie du globe ne s'est point arrêté à cette époque. En soulevant la côte de manière à faire reculer la mer à 1 kilomètre du port de Tacapé, il a mis à sec l'embouchure du fleuve
Triton dans laquelle les vents ont peu à peu accumulé de
hautes dunes de sables ; les lacs se trouvant séparés de la
Méditerranée se sont lentement desséchés ; leurs eaux, de
plus en plus chargées de substances minérales abandonnées
par le liquide qui s'évaporait, se sont épaissies et ont fini par
se comporter comme de véritables marais salants. Le gypse
s'est déposé d'abord, puis les chlorures en se concentrant
davantage se sont eux-mêmes cristallisés de manière à former ces grandes plaines de boues salines dont l'aspect désolé
frappe si vivement l'imagination des explorateurs. Peut-être
trouverait-on dans quelque auteur arabe du moyen âge le
souvenir de ces derniers phénomènes et de l'obstruction du
fleuve Triton à son embouchure près de Gabès ; mais cette
littérature est trop peu connue encore et malheureusement
trop peu fouillée en Europe pour qu'on puisse prévoir ce
qu'on y découvrira sans doute un jour. Quant aux traditions
locales, bien que je n'ignore pas le peu de confiance qu'elles
méritent d'ordinaire en pays musulman, celles qui sont
relatives à l'ancienne existence de la mer Saharienne ont une
telle précision et s'accordent si bien avec le témoignage
des géographes grecs et latins, surtout avec les faits rapportés
par Pomponius Méla, qu'il ne me paraît pas possible de les
négliger. Elles ont été enregistrées par M. Roudaire dans le
rapport de la Mission des chotts et par M. Tissot. « La tradition,
dit ce dernier (1), place à Chattân-Ech-Gheurfa l'ancien port de

---

(1) Ch. Tissot, *Notice sur le chott el-Djerid*. Bull. Soc. Géogr. de Paris, juillet 1879,
p. 11.

Nefta. Si Ali, cadi du Djérid, m'a affirmé qu'on y avait trouvé,
vers la fin du dernier siècle, un navire d'une forme particulière ; d'après la description qu'il m'en a donnée, ce navire
ne pouvait être qu'une galère antique. Deux habitants de
Nefta, qui avaient assisté dans leur enfance à cette exhuma-
tion, vivaient encore à l'époque de mon premier voyage au
Djérid.....

« Toutes les traditions locales s'accordent à affirmer que
la mer arrivait autrefois jusqu'à Nefta et que le chott était un
vaste bassin complètement inondé, navigable et en communication avec le golfe de Gabès ».

XX. — De cet ensemble de preuves qui toutes concourent
au même but et se corroborent en se prêtant un mutuel
appui, sans laisser dans l'ombre ou le doute aucun point
qui ne reçoive une satisfaisante explication, l'existence de
la mer Saharienne au début de la période quaternaire me
paraît résulter avec une évidence à peu près entière ainsi que
son dessèchement successif durant le cours des âges qui
aboutissent à l'heure actuelle. A mesure que nous remon-
tons en arrière, nous voyons le bassin des chotts, aujour-
d'hui simple marais salé, se transformer en trois lagunes
communiquant encore avec la Méditerranée par une étroite
embouchure ; quelques siècles plus tôt, ces trois lagunes
ne formaient qu'un grand lac, une véritable mer que des
traditions confuses et remontant à l'aurore de l'humanité
nous montrent établissant une large communication entre
l'océan et la Méditerranée et faisant une île du massif de
l'Atlas, la véritable Atlantide des anciennes légendes. Les
sciences physiques et naturelles, la géologie, la malacologie, viennent apporter leur appui à cette reconstitution
de l'histoire hydrographique de l'Afrique du Nord, tandis
que l'ethnographie établit une division nette et profonde

entre les anciennes races qui ont peuplé le continent
au sud du Sahara, les Ethiopiens de l'antiquité et celles du
massif Atlantique, les Berbères; la zoologie à son tour reconnait comme étrangères les unes aux autres et sans
parenté probable les races d'animaux qui peuplent la région
nubienne d'une part, et la Mauritanie de l'autre, les bœufs
égyptiens, par exemple et les bœufs d'Algérie; tout s'est donc
passé comme si une infranchissable barrière séparait, à l'origine des temps quaternaires, ces deux contrées aujourd'hui
réunies, et cette barrière ne peut avoir été que la mer Saharienne.

D'autre part, une vaste étendue d'eau à la place des sables
brûlants du désert parait de plus en plus nécessaire pour
qu'on puisse expliquer l'immense extension des anciens glaciers alpins. Dans le grand et bel ouvrage que mes amis
MM. Falsan et Chantre viennent de consacrer à l'étude du
terrain erratique de la partie moyenne du bassin du Rhône (1), ces deux géologues accordent, à l'exemple de
MM. Desor et Escher de la Linth, une large part à l'influence
de la mer Saharienne sur l'existence de la période glaciaire.
J'irais même plus loin et je serais porté à croire que cette
immense étendue d'eau substituée à des sables brûlants a dû
exercer une action prépondérante sur le climat de nos pays,
si l'on y joint également la submersion, aujourd'hui démon-
trée, de tout le Nord-Est de l'Europe et des terres du pôle.
Les Alpes étaient alors battues de tous les points de l'horizon
par des vents tièdes et humides qui ne leur arrivaient que
chargés des vapeurs recueillies sur les immenses surfaces
liquides qu'ils venaient de traverser. Au contact glacé de
ces montagnes peut-être deux fois plus hautes alors qu'elles
ne le sont aujourd'hui, ces vapeurs se condensaient en mon-

_____
(1) A. Falsan et E. Chantre, *Monographie géologique des anciens glaciers*, t. II, p. 136.

ceaux de neiges que le soleil, presque toujours voilé de nua-
ges, était impuissant à fondre. Ces neiges s'accumulaient
dans le fond des vallées en gigantesques glaciers qui descen-
daient déposer, jusqu'à Lyon par la vallée du Rhône, leurs
moraines terminales au milieu d'une végétation presque
subtropicale (1). On a objecté que ces deux causes, la submersion du Sahara et de l'Europe du nord-est étaient trop
locales pour expliquer un phénomène aussi général que
paraît l'être l'ancienne extension des glaciers. Sans doute et
je ne prétends pas que ces causes soient absolument les
seules; mais je suis porté à croire qu'elles ont dû être pré-
pondérantes, car il ne me semble pas aussi démontré qu'on
a bien voulu le dire que la période glaciaire se soit étendue
sur le globe entier. Agassiz avait vu du terrain glaciaire au
Brésil presque sous l'Équateur; on a reconnu depuis que le
grand naturaliste s'était trompé. On a dit également que les
cèdres du Liban végétaient sur une ancienne moraine. J'ai
pu me convaincre dernièrement qu'il n'en était rien et que
ces vieux arbres avaient poussé sur des éboulis calcaires
descendus des hauteurs avoisinantes.

Quoi qu'il en soit, il me paraît résulter de l'ensemble des
documents que nous venons de recueillir et de coordonner
que l'ancienne existence de la mer Saharienne et son exondement à une époque relativement récente doivent être mis
hors de doute. Mais de ce que le Sahara a été jadis recouvert
par les flots d'une Méditerranée, il ne s'ensuit pas le moins
du monde que cet ancien état de choses puisse être rétabli
de main d'homme, encore moins qu'une pareille opération,
si elle est possible, doive être profitable à nos intérêts poli-
tiques, agricoles et financiers. Ce sont des questions qui
appartiennent à un ordre d'idées tout autre et que je ne me

____

(1) De Saporta, *Le Monde des plantes*, p. 121.

suis même pas posées. J'ai simplement voulu étudier un problème d'histoire géologique et montrer qu'en beaucoup de cas la géologie et l'archéologie doivent se tendre la main et se prêter un mutuel appui, loin de se traiter en sœurs enne - mies, comme elles ne le font que trop souvent. Leur union féconde éclaircirait beaucoup de problèmes que leurs discor- des compliquent et obscurcissent comme à l'envi.

Mémoire présenté à la Société d'Agriculture, Histoire naturelle et Arts utiles de Lyon dans sa séance du 30 janvier 1880.

LYON. — IMPRIMERIE PITRAT AÎNÉ, RUE GENTIL, 4.

DU MÊME AUTEUR

**Un Conservateur au second siècle. — CELSE et les premières luttes entre la
philosophie antique et le Christianisme naissant**, 1 vol. in-8.

DE ANTIQUISSIMI ÆRIS IN GALLIAM INVECTIONE, 1 vol. in-8.

L'ARCHÉOLOGIE CHRÉTIENNE A ROME. — *Une visite aux Catacombes*, in-8.

NOTE sur un métrage en pieds romains découvert dans un aqueduc à Bologne.
(Comptes rendus de l'Académie des inscriptions et belles-lettres, séance du 27 juin 1879.

LES GLACIERS DU LYONNAIS, in-8.

LA PRÉHISTOIRE EN SYRIE. *Association française pour l'avancement des sciences*.
Congrès de Reims.

L'EUCALYPTUS, sa culture forestière et ses applications industrielles. In-8.

ISCHIA, *souvenirs de jeunesse*, 1 vol. in-18.

LE CHATEAU DE MALATRAY, *souvenirs de jeunesse*, in-8.

LYON. — IMP. PITRAT AINÉ, RUE GENTIL, 4.

BIBLIOTHEQUE NATIONALE DE FRANCE
3 7531 03880238 6